A questão do
fim da arte
em Hegel

A questão do fim da arte em Hegel

Marco Aurélio Werle

hedra

São Paulo, 2011

© Hedra, 2011
© Marco Aurélio Werle, 2011

Dados Internacionais de Catalogação na Publicação (CIP)

W522   Werle, Marco Aurélio
A questão do fim da arte em Hegel. / Marco Aurélio
Werle. – São Paulo: Hedra, 2011.
Bibliografia. 142 p.

ISBN 978-85-7715-251-3

1. Filosofia. 2. Arte 3. Estética. 4. Teoria da arte. 5. Hegel, Georg
Wilhelm Friedrich (1770–1831). 6. Movimentos artísticos do século
XX. 7 Abordagem hegeliana. I. Título.

CDU 130.22
CDD 149

Edição: Iuri Pereira
Diagramação: Bruno Oliveira
Capa: Ronaldo Alves

Direitos reservados em língua
portuguesa somente para o Brasil

EDITORA HEDRA LTDA.
R. Fradique Coutinho, 1139 (subsolo)
05416-011 São Paulo SP Brasil
Telefone/Fax (011) 3097-8304
editora@hedra.com.br
www.hedra.com.br

Foi feito o depósito legal.

Sumário

A questão do fim da arte em Hegel	7
Introdução	9
O fim da arte como uma questão idealista	17
O conceito de arte e seu fim	29
Presente e passado na arte	41
A dialética do início e do fim da arte	49
A obra de arte como um fim em si mesmo	55
Crise do conceito de obra de arte	71
Os dramas de Shakespeare e a pintura holandesa do século XVII	79
O belo, o feio e o despontar da subjetividade	95
Conclusão	105
Documentos	113
Alguns trechos dos *Cursos de estética* (1820-30) sobre o fim da arte	115

Elêusis (1796)   121

Sobre a peça *Wallenstein*, de Schiller (1800–01)   127

Bibliografia   133

A questão do fim da arte em Hegel

Introdução

O ASSUNTO deste livro é a famosa questão do fim da arte a partir de sua primeira formulação teórica, empreendida por Hegel em seus Cursos de estética, ministrados na Universidade de Berlim nos anos 1820. As inúmeras discussões e repercussões acerca desta questão nos séculos XIX e XX estão no horizonte da abordagem, mas não são o tema central. E mesmo no que se refere a Hegel, devido à complexidade de seu pensamento, limitar-me--ei a indicar os principais aspectos, sem pretender uma análise exaustiva.

Essa delimitação corresponde também a uma estratégia de abordagem, pois me parece que o assunto, em sua origem, é de natureza puramente conceitual, embora sua afirmação e seus desdobramentos posteriores no meio artístico remetam antes a situações empíricas ou factuais, para não dizer "epocais", relativas principalmente à instauração de determinados movimentos artísticos do início do século XX em diante. Na verdade, os aspectos conceitual e real andam juntos e hoje em dia não podem mais ser separados quando se trata de uma recepção interessante e produtiva do tema. Quem pretender abordá-lo sem essa associação e se arvorar a uma palavra conclusiva, corre o risco de cair ou em distinções extremamente formais e estéreis ou em trivialidades.

O fim da arte é um desses temas de natureza muito geral e que, por isso, dão margem a especulações e a prognósticos de toda ordem. Em sua reiterada proclamação inevitavelmente ecoam velhos recursos ou consolos retóricos, que pelo menos desde os antigos romanos sempre surgiram para exprimir a decadência e a dor do mundo em tempos difíceis. Tornou-se um desses jargões que retornam de tempos em tempos e que suscitam inúmeras "opiniões" e ponderações, defesas apaixonadas "pró e contra" a arte, seja de artistas, seja de críticos de arte. De alguma forma, o "pai" da ideia ou da criança, Hegel, possui uma parcela de culpa nisso tudo, a começar pelo fato de nunca ter enunciado diretamente a questão em seus cursos.

Por conta disso, minha abordagem se moverá intencionalmente no campo "instável" do ensaísmo e se limitará a algumas indicações gerais. Cada capítulo do livro corresponde a um aspecto necessário à compreensão do problema em Hegel. Nos primeiros capítulos procurarei apontar para o campo a partir do qual se apresenta a abordagem hegeliana. Sem a percepção do nascimento e da proposta filosófica do idealismo alemão, a questão do fim da arte se afigura como uma mera asseveração solta no ar. Ora, em filosofia é, sobretudo, importante atentar para os contextos conceituais, muito mais do que para aquilo que dizem as "doutrinas" de maneira direta ou pelas supostas consequências que trazem para a "realidade". O fim da arte surge num determinado momento de crise do pensamento europeu e se insere num complexo quadro conceitual de transformações históricas com o advento da Revolução Francesa. A "ação humana" com suas instituições, na medida em que perfaz uma determinada *techné*, teve de ser repensada naquele momento, desde suas bases, o que acarretou uma reflexão radical sobre os pilares da *poiesis* artística.

Também é preciso observar o que Hegel compreendeu por arte e pela palavra fim, que obviamente não deve ser tomada no sentido comum e direto. A expressão "fim da arte" não se refere ao fato de que algo, a arte, acabou, chegou ao término, mas indica um conjunto de fatores duradouros. Por isso, situada a questão devidamente sob a ótica hegeliana, a expressão posteriormente consagrada "morte da arte" é completamente desajeitada e desastrada. Poder-se-ia dizer que o fim da arte é antes uma ideia, um determinado conceito aberto que compreende nele mesmo um complexo de causas e efeitos. Nele está implicada uma certa dialética entre o presente e o passado da arte, de modo que sua verdade se exprime por algo que não é dito e que nem pode ser enunciado de modo direto, mas tem de ser compreendido racionalmente, isto é, ser refletido especulativamente.

Diante da tese do fim da arte, o entendimento, ou o são entendimento do senso comum, torna-se impotente como critério de decisão, pois é o processo que importa nessa ideia, para além de alguma verdade pronta e acabada de um dos elos da cadeia. Vale nesse terreno o que Hegel estabelece para a verdade filosófica especulativa, em 1801, no ensaio "As diferenças entre os sistemas de filosofia de Fichte e de Schelling", ao dizer que "por meio da reflexão o são entendimento humano pode ser colocado em confusão [...] a especulação compreende muito bem o são entendimento humano, mas este não compreende o fazer da especulação".[1]

No ano seguinte, no ensaio *Como o senso comum compreende a filosofia*, Hegel entra numa polêmica com um certo senhor Krug, pois o mesmo desafiou o idealismo a provar, isto é, a deduzir a sua pena de escrever. Hegel reage sarcasticamente, dizendo que "o Sr. Krug não pode deixar de entender a coisa como a plebe mais comum e de exigir que se deduza cada cachorro, cada gato; e até mesmo a pena com a qual o Sr. Krug escreve".[2] E complementa:

---

[1] "Differenz des Fichteschen und Schellingschen Systems der Philosophie", in *Jenaer Schriften, Werke* 2. Frankfurt am Main: Suhrkamp, 1986, p. 31.

[2] *Como o senso comum compreende a filosofia*, tradução Eloísa Araújo Ribeiro. São Paulo: Paz e Terra, 1995, p. 52.

O senso comum põe o absoluto exatamente
no mesmo nível que o finito e estende ao
absoluto as exigências formuladas para o
finito. Exige-se, portanto, que a filosofia
não coloque nada que não seja provado; o
senso comum descobre imediatamente a
inconsequência cometida, descobre que o
absoluto não foi provado; com a ideia do
absoluto foi posto imediatamente seu ser,
mas o senso comum sabe objetar que ele
pode muito bem pensar alguma coisa, fazer
uma ideia de alguma coisa, sem que por isso
seja necessário que essa coisa pensada tenha
ao mesmo tempo uma existência etc.[3]

Depois dessas considerações iniciais, partirei nos capítulos seguintes para uma abordagem dos principais pontos positivos de sustentação da questão em Hegel. Se de um lado a questão do fim da arte possui a consequência de que a obra de arte ou o domínio estético alcançaram no século XVIII uma emancipação, no momento em que a obra de arte se torna um fim nela mesma, por outro lado é evidente que já em torno do século XVI também nasce uma crise do próprio conceito de obra, entendida como reflexo de uma realidade social.

Esses dois pontos são talvez os mais importantes no diagnóstico de Hegel: o fim da arte significa ao mesmo

---

[3]Idem, p. 51.

tempo uma abertura e uma restrição para a arte. Os diferentes debates posteriores sobre o fim da arte, via de regra, sempre oscilam entre esses dois polos, que Hegel, como pensador dialético, soube manter cuidadosamente em equilíbrio e em tensão. Para alguns, o fim da arte implica uma "perda", e para outros um "ganho". A perda está no fato de que a arte deixa de ser a referência de sentido elevada de outrora. O mito se ausenta do meio artístico. Já o ganho diz respeito à possibilidade de remoção dos entraves e das restrições e aponta para uma conquista de liberdade, seja no alargamento formal de horizontes artísticos, seja no fomento ao âmbito da reflexão na arte.

Nos últimos capítulos, por fim, pretendo ressaltar as perspectivas abertas por Hegel e indicar o centro articulador do fim da arte, que é a noção de subjetividade. No fundo, o fim da arte decorre basicamente desse processo que Hegel verifica em todo o saber humano e que determina os rumos da história ocidental, a saber, a passagem da substância para o sujeito, do *em si* ao *para si*. Não só na arte, mas na religião, na filosofia, na política e em todas as esferas do saber, a filosofia de Hegel não se cansa de apontar para os processos de racionalização que consolidam a máxima do oráculo de Delfos: "conhece-te a ti mesmo". Por meio do autoconhecimento, o homem se afasta cada vez mais das relações substanciais primitivas, ligadas a uma harmonia com a natureza, e se encaminha para um desdobramento das potencialidades "interiores", subjetivas e reflexivas.

A arte, como um fenômeno que se cristalizou e se consolidou na história da humanidade nesse terreno intermediário, reflete necessariamente as contradições desse processo. Mas, na dialética, todo caminho de ida é ao mesmo tempo um caminho de volta. Curiosamente, o fim da arte evoca "no fim" o início da estética com Platão, a saber, a condenação dos poetas na cidade ideal. Dessa forma, o resultado conceitual dessa configuração certamente não poderá se restringir a um dos polos do movimento, mas terá de envolver a totalidade e, principalmente, a negatividade interna que a impulsiona.

O fim da arte
como uma questão idealista

Com o advento da Revolução Francesa, na passagem do século XVIII para o XIX, surgiram no cenário europeu e, depois, em outros continentes, inúmeras expectativas na direção de uma renovação cultural da humanidade. Sobre isso, Hegel afirma em 1806 no "Prefácio" à *Fenomenologia do espírito*:

> Não é difícil ver que nosso tempo é um tempo de nascimento e trânsito para uma nova época. O espírito rompeu com o mundo de seu ser-aí e de seu representar, que até hoje durou; está a ponto de submergi-lo no passado, e se entrega à tarefa de sua transformação. Certamente, o espírito nunca está em repouso, mas sempre tomado por um movimento para

a frente [...]. Do mesmo modo, o espírito
que se forma lentamente, tranquilamente,
em direção à sua nova figura, vai desman-
chando tijolo por tijolo o edifício de seu
mundo anterior.[4]

Esse trecho reflete de modo conciso o espírito que
animava o idealismo alemão como movimento filosófico
surgido no ambiente pós-kantiano. Ressalte-se a consciência do tempo, tanto de um presente ainda indecifrável
quanto de um passado, visualizado agora como processo,
e de um futuro aberto de possibilidades.

Para além da razão crítica e pós-iluminista, o idealismo alemão é um movimento que toma seus impul-
sos em acontecimentos extraintelectuais. Encontra-se
profundamente comprometido com anseios que ultra-
passam o campo específico da filosofia e que envolvem o
povo, a sociedade e a cultura. A chamada cultura do entendimento, termo pelo qual Schiller situa criticamente
o iluminismo setecentista,[5] deve dar lugar agora a uma
formação orgânica, no sentido de uma nova realidade
que faça realmente efeito e resulte de um processo de

---

[4] *Fenomenologia do espírito*, trad. Paulo Meneses. 2ª ed. Petrópolis: Vozes, 1992, p. 26.
[5] Na quinta de suas *Cartas sobre a educação estética do homem*
surge a expressão: "iluminismo do entendimento" [*Aufklärung des
Verstandes*].

efeitos, enfim, seja efetividade [*Wirklichkeit*]: realização na existência e reformulação das grandes esferas culturais.

No *Mais antigo programa de sistema do idealismo alemão*, proposto por Schelling, Hegel e Hölderlin, em torno de 1795 e 1796, proclama-se a necessidade de uma renovação ou até mesmo da abolição do Estado. Seria necessário repensar todo o sistema cultural começando por uma nova concepção de liberdade, a ser disseminada pelos principais ramos de saber, desde a física, a psicologia e a ética até a estética e a religião, a partir da ideia de humanidade. A concepção renovada de humanidade, porém, exigiria principalmente uma atenção ao estado atual das esferas que desde sempre alicerçaram a vida mais elevada e totalizante dos homens, a saber, a arte, a religião e a filosofia. Por isso, propunha-se no referido programa não só uma nova concepção de Estado, que não fosse mecânico, e sim orgânico, mas também uma nova mitologia, desde a ideia de beleza e de poesia.[6]

Essa proclamação de uma revolução de pensamento e de um modo de ser, para além de uma revolução por meio de armas e por intermédio da ação, revelava, no entanto, uma inquietação e uma preocupação que cada vez mais foi se aprofundando naquela época. Schelling

---

[6]Cf. sobre isso o capítulo I: "Die idealistische Ästhetik als Lösung des Subjekt-Objekt-Problem", do livro de Peter Bürger, intitulado *Zur Kritik der idealistischen Ästhetik*. Frankfurt am Main: Suhrkamp, 1983, pp. 17-56.

considerava que o grande problema da poesia nos tempos modernos era a falta de um ponto de orientação e que "o idealismo precisa, em todas as suas formas, sair de si mesmo [...] para que se erga de seu seio um novo e igualmente ilimitado realismo".[7]

A relação do idealismo com um realismo e a noção de que o idealismo implicaria um exame de como a ideia se efetiva na realidade abrigava a necessidade de um confronto com a realidade dos Estados europeus modernos e de sistemas de poder ainda subsistentes do Antigo Regime, notadamente na Alemanha. Isso fez com que Hegel, e com ele também Hölderlin, fosse aos poucos abandonando a aposta na arte como possibilidade de reorientação da humanidade moderna. Cada vez mais foi se impondo uma percepção do caráter essencialmente reflexivo, fragmentado e "alienado" da modernidade, levando à hipótese de uma falta de efetividade da arte e da poesia num contexto de relações pautadas por critérios burgueses do mundo do trabalho.

Na penúltima estrofe da elegia "O arquipélago", de 1800, Hölderlin ataca diretamente esse modo de ser do homem moderno, dizendo:

---

[7] "Discurso sobre a mitologia", in SCHLEGEL, F. *Conversa sobre a poesia*, trad. Victor-Pierre Stirnimann. São Paulo: Iluminuras, 1994, p. 53.

Mas, ai! a nossa raça, sem divino, vagueia na noite,
E vive como no Orco. Presos só ao próprio labor,
Na forja bramante cada um se ouve só a si próprio,
E com braço possante muito trabalham os bárbaros,
Sem descanso, mas sempre e sempre estéril,
Como as Fúrias, é a labuta desses homens.[8]

Hegel irá, naquele momento, se dedicar a um exame dos fundamentos especulativos, éticos e culturais da época moderna e de toda a racionalidade ocidental. No texto *As diferenças entre os sistemas de filosofia de Fichte e de Schelling*, de 1801, Hegel sustentará que a sociedade moderna é caracterizada pela separação das esferas da vida, sendo essa cisão no seio da vida pública que a leva à necessidade da filosofia, a qual tem como incumbência pensar essa cisão no todo. Isso não significa que a filosofia tenha que encontrar uma totalidade artificial para essa cisão ou uma idealidade harmoniosa. Antes pretende dizer Hegel que o assunto da filosofia, seu ponto de partida, é a cisão, e que cabe à filosofia perceber como a razão alcança o absoluto quando sai dessas partes múltiplas. A filosofia é a atividade da razão (o todo) e não do entendimento que teima em fixar as oposições.

Diante desses problemas mais "candentes", a atenção de Hegel para a situação da arte ficará em segundo

---

[8] *Poemas*, trad. Paulo Quintela. Lisboa: Instituto de Cultura Alemã de Lisboa, 1945, p. 54.

plano ou ocorrerá apenas em termos episódicos. Somente na maturidade, depois de ter estabelecido as bases de sua filosofia, voltará à arte e conceberá então seus *Cursos de estética*. Essa retomada da questão da arte se dará a partir de um amplo e complexo sistema de pensamento, cujas bases foram lançadas em obras como a *Fenomenologia do espírito* (1806), a *Enciclopédia das ciências filosóficas* (1817/1827/1830) e a *Ciência da lógica* (1812/1816). Pautada por uma ampla interpretação do conjunto da racionalidade ocidental e de seus principais fundamentos, figurará então a questão do fim da arte no cerne dos *Cursos de estética*.

Com essa breve introdução, pretendo ressaltar, sobretudo, que a tese do fim da arte não decorre de modo algum de uma predileção particular de Hegel por determinadas manifestações artísticas do passado ou devido a um ceticismo quanto ao futuro. A temática do fim da arte provém antes de um conjunto de fatores complexos que transcendem o campo da estética. O fim da arte não é uma questão exclusivamente "artística", mas de um pensamento e de uma ação em sentido amplo. Mais precisamente, trata-se de uma questão de época e não da opinião de um pensador em particular.

Desse modo, fica claro que esse tema não é tão simples de ser abordado na estética de Hegel. Some-se a isso o fato de que a questão não está presente de modo explícito e não foi enunciada como tal por Hegel em seus cursos de estética. Willi Oelmüller é enfático sobre isso, ao dizer que "o enunciado de Hegel é polêmico [...]. Hegel fala apenas do fim da mais elevada destinação da arte, da ultrapassagem de sua mais elevada possibilidade, mas em nenhum lugar ele fala do fim da arte em geral".[9] Por conseguinte, essa tese acaba apresentando uma série de nuanças e permite diferentes interpretações ou até mesmo prepara algumas armadilhas de pensamento. Christoph Jamme fez um breve apanhado das discussões em torno do tema, entre 1965 e 1976, e considera que "de fato, com a tese hegeliana estão relacionadas perguntas demais para que em um tempo não tão longínquo se possa ter esperanças de uma solução passível de consenso geral".[10]

Sem dúvida deve-se a Hegel a "paternidade" do estabelecimento da questão do fim da arte, mas esse fim somente alcança ao longo dos séculos XIX e XX o estatuto de uma questão inquietante e incômoda no meio artístico e no campo da reflexão estética, levando inclusive aos diferentes neoclassicismos na França, Alemanha, Inglaterra e Itália. Uma abordagem de maior fôlego

---

[9] "Hegels Satz vom Ende der Kunst und das Problem der Philosophie der Kunst nach Hegel". In *Philosophisches Jahrbuch*, 73, 1965/66, p. 87.

[10] "Hegels Satz vom Ende der Kunst". In *Poetische Autonomie? Zu Wechselwirkung von Dichtung und Philosophie in der Epoche Goethes und Hölderlin*, org. Helmut Bachmaier e Thomas Rentsch. Stuttgart: Klett-Cotta, 1987, p. 273.

deverá mover-se necessariamente em duas frentes: no interior do sistema estético hegeliano e no quadro de sua recepção tanto no universo artístico (em certos manifestos posteriores, por exemplo, vindos da Bauhaus, do Dadaísmo etc.) quanto no meio filosófico (também junto a pensadores posteriores como Nietzsche, Benjamin, Adorno e Heidegger).[11]

Para abordar esse tema, não me parece instrutivo entrar em detalhes intrincados da argumentação sistemática de Hegel e nem que se deva pensá-lo apenas segundo padrões da história da filosofia, embora não se possa escapar do sistema filosófico hegeliano e nem simplesmente ignorá-lo. E aqui é preciso também não perder de vista a discussão reacendida recentemente na

---

[11] Esse esquema é sugerido pelo livro de Eva Geulen sobre o fim da arte, que começa com Hegel e aborda esses pensadores: *Das Ende der Kunst. Lesarten eines Gerüchts nach Hegel*. Frankfurt am Main: Suhrkamp, 2002. Acrescento a esses autores o nome de Gadamer, não referido por Geulen, mas central para uma compreensão mais positiva do tema em Hegel. Ainda na direção da "genealogia" do fim da arte, temos o painel traçado por Rodrigo Duarte, que divide autores que implicitamente lidaram com a tese hegeliana, tais como Marx, Nietzsche, Lukács e Benjamin e os que explicitamente se referiram a ela, tais como Heidegger, Adorno e Danto, cf. Rodrigo Duarte, "O tema do fim da arte na estética contemporânea", in *Arte no pensamento contemporâneo*, org. Fernando Pessoa. Vila Velha: Museu da Vale, 2006.

abordagem da arte dos últimos trinta anos, nos escritos de Arthur Danto,[12] mais relacionados à critica de arte, e de Hans Belting[13] no horizonte da história da arte. Obviamente essa discussão apenas poderá figurar como pano de fundo de minha abordagem, que pretende, mais comedidamente, esclarecer apenas alguns pontos da questão a partir do modo como ela inicialmente surgiu, com Hegel e sua época.[14]

Procurarei nesse livro fazer algumas observações sobre o assunto, de uma forma bastante livre e aberta, a partir de dois momentos dos *Cursos de estética* de Hegel, onde me parece que a questão emerge de modo mais decisivo. Um momento, por assim dizer mais formal e categórico, se coloca na "Introdução" aos *Cursos de estética* e no início da primeira parte, em que Hegel situa

---

[12] DANTO, Arthur C. *Após o fim da arte. A arte contemporânea e os limites da história*, trad. Saulo Krieger. São Paulo: Edusp/Odysseus, 2006.

[13] *O fim da história da arte*, trad. Rodnei Nascimento. São Paulo: Cosac Naify, 2006.

[14] No âmbito da filosofia brasileira, o debate sobre o fim da arte constituiu tema de uma pergunta padrão feita a cada um dos dezesseis filósofos entrevistados no livro *Conversas com filósofos brasileiros*. As respostas foram em geral bastante tímidas, inclusive porque muitos dos entrevistados confessaram abertamente que não entendiam do assunto. Destaco as respostas de Henrique de Lima Vaz, Gerd Bornheim, Benedito Nunes, Marilena Chauí e Paulo Eduardo Arantes. Cf. Marcos Nobre e José Márcio Rego (org.). São Paulo: Editora 34, 2000.

o lugar da arte no quadro da vida do espírito e de seus limites. Um outro momento está no terceiro capítulo da "Forma de arte romântica", onde Hegel situa a realidade artística da época moderna no horizonte de uma certa ideia de "ultrapassagem da arte sobre si mesma". Nesse segundo momento também são esboçadas algumas condições sob as quais a arte ainda pode ser realizada e existir no presente.[15]

Lembro aqui brevemente a posição da forma de arte romântica no quadro das outras duas formas, a simbólica e a clássica. Essas formas possuem na estética de Hegel um sentido conceitual e real ao mesmo tempo, a saber, são os três grandes "tipos" de arte que nos legou a história humana. A arte anterior aos gregos, e que corresponde ao mundo oriental, é a chamada arte simbólica, também identificada como pré-arte, porque lida com uma inadequação entre forma e conteúdo e com uma mera aspiração [Streben], mas não com a realização de obras de arte em sua plenitude. Trata-se da arte indiana, egípcia, árabe, persa e judaica etc. Num segundo momento surge a forma de arte clássica, que corresponde à arte grega como ponto culminante da arte, no equilíbrio perfeito entre o sensível e o espiritual. O paradigma principal aqui é a idealidade da estatuária. E, num terceiro momento, se apresenta justamente a forma

---

[15]C. Jamme considera também esses dois trechos decisivos, em "Hegels Satz vom Ende der Kunst", pp. 278-80.

de arte romântica, que não deve ser confundida com o Romantismo, pois Hegel tem em vista todo o período cristão e não um movimento isolado surgido no fim do século XVIII. Na era cristã, a arte é marcada por um desequilíbrio entre o conteúdo espiritual e a forma sensível, a qual é ultrapassada por aquele. É nesse momento que se situa propriamente o "fim da arte".

Os dois excertos selecionados dos *Cursos de estética* (traduzidos parcialmente na seção Documentos), tanto o da "Introdução" quanto o do terceiro capítulo da "Forma de arte romântica", perfazem dois planos de abordagem que se entrelaçam no pensamento hegeliano. De um lado, o fim da arte é remetido à relação entre arte e verdade, no sentido de um confronto da época moderna com o conceito de arte e suas exigências históricas. De outro lado, Hegel se dedica a examinar certas práticas e formas artísticas que começaram a operar na época moderna com uma concepção distinta de arte e que serão determinantes para a posteridade. O último estágio da forma de arte romântica apresenta fenômenos artísticos que não apenas deploram a limitação da arte, mas procuram novos espaços de atuação e, nessa medida, antecipam práticas artísticas contemporâneas. A arte passa a assumir nela mesma o elemento da crítica, se encaminha para o terreno da ironia, ao mesmo tempo em que se defronta com processos permanentes de legitimação.

Apresento também como documento uma tradução de um poema de Hegel, intitulado "Elêusis", dedicado a

Hölderlin, bem como um pequeno comentário da peça *Wallenstein*, de Schiller. Nesses dois textos se evidencia, já para o jovem Hegel, a dificuldade de uma experiência plena e reconciliadora da totalidade na época moderna, o que sem dúvida terá sérias consequências para o modo como se desenvolverá a arte nesse período.

O conceito de arte
e seu fim

A questão do fim da arte surge em Hegel basicamente como decorrência de uma questão categorial ligada ao conceito de arte, ao limite da intuição [*Anschauung*], lembrando que o absoluto ou o divino se exprime, segundo a articulação do início da primeira parte dos *Cursos de estética*, pela arte, pela religião e pela filosofia.

Arte, religião e filosofia manifestam, cada uma à sua maneira, a totalidade ou o absoluto, ou seja, aquela esfera da vida humana que ultrapassa os interesses subjetivos e objetivos. São dimensões totalizantes que permitem ao homem encontrar uma satisfação última e elevar-se acima das restrições impostas pela vida prática e teórica. Na arte essa elevação ocorre pelo *medium* da sensibilidade ou da intuição. Todas as formas artísticas são obrigadas a recorrer a um suporte sensível, seja ele imagético (arquitetura, escultura e pintura), sonoro (música) ou representativo-linguístico (poesia). Já a religião opera exclusivamente no domínio da representação, pois a fé se realiza na esfera da interioridade e na intimidade do culto religioso. E, por último, surge a filosofia como o campo do pensamento puro, que possui tanto um elemento de exterioridade quanto de interioridade. A filosofia pertence a um tempo ou época (em si), mas traduz essa época em categorias lógicas (para si), sendo, portanto, a síntese da religião e da arte, da interioridade e da exterioridade.

Essas formas do absoluto são, sobretudo, históricas, percorrem cada uma delas um ciclo de efetivação e de realização em certas épocas. A arte teve mais força de verdade no mundo grego antigo, a religião teve seu apogeu no período medieval, ao passo que a filosofia assumiu o lugar da verdade na época moderna e contemporânea, embora hoje possamos dizer que, de fato, são a ciência e a técnica que dominam nosso modo de pensar. Essas últimas formas de saber, todavia, são "transmutações" do que Hegel chamava de filosofia ou de "ciência". Elas nada seriam sem o concurso da metafísica da subjetividade na época moderna, de modo que podem ser tidas como rebentos do pensar reflexivo e filosófico.

Da mesma forma que existe um fim da arte, existe um fim da religião (representação) e da própria filosofia (pensamento). Arte, religião e filosofia são a expressão do que Hegel chama de "espírito absoluto", e como tais são figuras históricas que cumpriram um ciclo de realização. Essa consequência é importante, pois o fim da arte na época moderna não pode ser tomado apenas como um fenômeno isolado, como se apenas a arte, enquanto uma atividade formal e específica, tivesse entrado num esgotamento e tivesse chegado a um limite. Trata-se antes de uma característica contemporânea da cultura como um todo, a qual não se encontra mais sustentada pelos "grandes discursos" e tem de lidar com transformações contínuas e constantes.

Aliás, um dos fenômenos mais marcantes da contemporaneidade é a troca de lugar entre o espírito "absoluto" e o espírito "objetivo", segundo uma linguagem hegeliana. O que no sistema de Hegel é o absoluto (a arte, a religião e a filosofia) deu espaço ao que em seu sistema é o espírito objetivo, constituído pelos dilemas morais e a ética (diferença entre o bem e o mal, os vícios e as virtudes, a família etc.) e, principalmente, pelo mundo do trabalho, da política, da vida social ou da assim chamada "sociedade civil", assuntos tratados pela *Filosofia do direito* de Hegel. Inverteu-se hoje a relação: o absoluto se tornou subordinado ao objetivo e o objetivo tornou-se "absoluto".

Se no sistema de pensamento hegeliano as figuras do absoluto sustentaram e deram sentido à vida dos homens, eram uma espécie de *telos* de ascensão de toda a existência humana, na contemporaneidade inverteu-se o movimento e a direção. Hoje, o "sentido", se é que ele ainda existe como perspectiva da existência humana, reside mais embaixo, é ditado pela economia e pela vida prática, que submete a esfera absoluta aos seus interesses. Quando a Teoria Crítica da Escola de Frankfurt trata da "indústria cultural", ela nada mais faz do que desenvolver essa transformação já prefigurada pelo pensamento hegeliano, principalmente quando, na *Filosofia do direito*, Hegel alerta para o perigo de a sociedade civil suplantar a família e o Estado. Ao contrário da família e do Estado, esferas éticas nas quais prevalecem tanto o amor e os laços de solidariedade quanto a segurança e o equilíbrio do todo, a sociedade civil se guia pelo princípio da concorrência e do lucro e tende a acentuar as diferenças entre os homens e o princípio da individualidade.

Seja como for, concentremo-nos, para efeito de análise, no fim específico da arte. Em que consiste esse fim? De um lado, a arte ocupa na história do espírito um momento privilegiado de afirmação do absoluto, pois é a primeira forma, a mais imediata, de exteriorização do espírito, de reconhecimento de si enquanto totalidade. De outro lado, essa forma também implica uma restrição a um certo conteúdo e uma delimitação diante da religião e da filosofia. Tendo em vista que a arte está ligada à intuição e a filosofia está ligada ao pensamento, mas ambas exprimem o todo, tem-se na história um conflito originário entre arte e filosofia, embora haja também uma passagem ou um "estranhamento" de uma para a outra: a arte se realiza na filosofia, mas essa depende em seu nascimento da arte, vê na arte o seu outro como princípio. A verdade, para ser alcançada no elemento do puro pensamento, teve de percorrer antes o campo dos fenômenos imediatos e sensíveis.

Nem todo conteúdo espiritual cabe na forma da arte, por exemplo, a reflexividade na forma do pensamento puro como a marca da época moderna. Por isso, Hegel considera que ultrapassamos o estágio em que se podia venerar obras de arte como divinas (*Cursos de estética* I, p. 24) e que as circunstâncias atuais da vida social e política são reflexivas, entraram numa "cultura da reflexão" [*Reflexionsbildung*] (*Cursos de estética* I, pp. 24-5). Os belos dias da arte grega e da Idade Média tardia passaram (*Cursos de estética* I, p. 24).

É esse conceito de arte que leva Hegel a supor um fim ou um certo esgotamento das formas artísticas. Poder-se-ia ficar tentado a escapar do problema do fim da arte substituindo esse conceito de arte por um outro, mais "flexível" ou mais "moderno", como se se tratasse de um problema ligado a uma concepção específica de arte, da qual Hegel é, talvez, o último herdeiro. No entanto, o problema não é tão simples assim, pois Hegel extrai esse conceito de arte da própria história ocidental como um todo. O conceito hegeliano de arte é aquele com o qual lidou praticamente toda a história da arte desde os gregos até hoje e ele possui compromissos profundos de ordem metafísica e está arraigado no modo de ser do homem ocidental, no modo como este organizou sua vida e suas instituições sociais. Para que possa ser rejeitado ou ultrapassado, tem de ser antes compreendido em toda a sua profundidade e implicação. Isso se a questão for apenas de compreensão e se não for talvez de uma ação. Talvez envolva um modo de ser ou de vida, ao qual não podemos mais retornar e que, no fundo, já se tornou inalcançável, mas do qual dependemos e que secreta, ou até mesmo "pervertidamente", ainda nos domina.

O conceito hegeliano de arte remete justamente a uma existência, se afirma desde uma situação de mundo e não apenas se coloca para a comunidade de artistas ou de críticos de arte, como se fosse um assunto apenas "estético". Daí a expressão "religião da arte", empregada por Hegel na *Fenomenologia do espírito*, que guia toda a cosmovisão e existência dos gregos antigos. A aparência sensível da ideia implica um compromisso com a totalidade e exprime essa totalidade como forma e conteúdo, como sendo o conceito na relação com a sua realidade.

Se num mundo ocorre o rompimento com essa harmonia, se junto a um público ou a um povo e comunidade, que aspira se ver espelhada na arte, o conceito se separa da sensibilidade, se transfere para a representação e instaura uma cisão entre o interior e o exterior, então a arte perde espaço. Poder-se-ia contra-argumentar, seguindo a direção há pouco indicada, talvez a partir de uma perspectiva adorniana ou heideggeriana, de que a verdadeira arte expõe antes uma inquietação, possui precisamente a função de pensar a cisão, ser uma "arte cindida", que procede por meio de um certo ocultamento ou resguardo da verdade, não acessível diretamente ao público, e que se encontra de alguma maneira em oposição ao curso do mundo. Nesse sentido, a arte constituiria um espaço estético próprio, afastado e inacessível ao homem comum.

Peter Bürger examina em seu livro *Teoria da vanguarda* o contexto da "redenção do esteticismo", empreendida por Adorno, e aponta para uma consequência que já se encontra indicada no pensamento hegeliano, ao dizer que

> a experiência estética, como uma experiência específica, da maneira pura como a desenvolve o esteticismo, seria a forma na qual a atrofia da experiência [...] se manifesta na esfera da arte. Em outras palavras: a experiência estética é o lado positivo desse processo de cristalização do subsistema social arte, cujo lado negativo é a perda da função social do artista.[16]

Poder-se-ia supor uma forma de arte negativa que se exprime a partir do mundo cindido e na forma desse

---

[16] *Teoria da vanguarda*, trad. José Pedro Antunes. 2ª ed. São Paulo: Cosac Naify, 2008, p. 77.

mundo mesmo, de maneira negativa. De fato, parece ser essa a posição que a arte assumiu hoje por todas as instâncias em que se apresenta, embora estejamos de tal maneira acostumados a esse gesto "provocativo" da arte que ele já se tornou banal. Foi, por assim dizer, absorvido na lógica geral de um mundo que procura o tempo todo afirmar o "novo". Nos últimos dois séculos, a arte parece pender mais para o lado da contestação e da negação do mundo do que para uma expressão "harmoniosa" ou "totalizante", como parece querer sustentar a abordagem hegeliana da arte na história.

A arte nos tempos atuais (da segunda metade do século XX em diante) parece encontrar-se justamente no lado oposto da totalidade ou a exprime como fracionamento e divisão. Lembro aqui da polêmica recente envolvendo a instalação de Nuno Ramos, intitulada "Bandeira Branca", na 29ª Bienal de São Paulo, em 2010. Um aspecto da obra consistia em expor urubus vivos, o que gerou protestos de ambientalistas e defensores dos direitos dos animais, bem como motivou uma pichação na obra, com a mensagem de que os urubus deveriam ser soltos. Alguns dias depois os urubus foram de fato removidos por medida judicial, o que acabou mutilando a obra em questão. Tomando como mote uma afirmação presente nessa mesma bienal, de um pequeno vídeo do cineasta Jean-Luc Godard, onde se afirma que "a cultura é a regra, a arte é a exceção", o crítico de arte e medievalista Lorenzo Mammí abordou então essa polêmica defendendo a possibilidade de a arte lidar justamente com a exceção e a transgressão.[17] Em suma, o que emerge nesses confrontos entre diferentes grupos e atores do meio artístico (o artista, a instituição, o crítico, os ativistas, a instância jurídica, o público, a mídia etc.) é a dificuldade que a sociedade contemporânea tem com as manifestações artísticas, principalmente quando elas tocam em dogmas ou reivindicações particularistas.

Essa polêmica parece justificar certas posições que Hegel possuía da arte, a saber, que a arte não pode ser tratada de modo isolado, como mera atividade da fantasia e da imaginação, pois envolve uma relação com o mundo, uma posição que os indivíduos mesmos assumem no plano da vida individual no interior do Estado e no âmbito maior da história mundial. Não se pode enfrentar a situação artística por meio de um mero vasculhamento ou recenseamento dos possíveis elementos técnicos que surgem em fenômenos isolados da arte e que a tornam mais difícil de ser compreendida, sem levar em conta o curso do mundo. Uma arte altamente sofisticada, extremamente técnica, não vai conseguir realizar algo em termos de sentido para os homens, pois permanecerá um fenômeno apenas restrito, limitado a um pequeno círculo de especialistas ou de fruidores.

---

[17] O jornal *Folha de S.Paulo*, no caderno "Ilustríssima", publicou os artigos "Pichações e urubus", de Lorenzo Mammí, e "Bandeira branca, amor", do próprio Nuno Ramos, na edição de 17 de outubro de 2010.

Não é fortuito que Schiller, uma referência central para Hegel, encerre suas *Cartas sobre a educação estética do homem* refletindo sobre o alcance de sua proposta de cultivo da bela aparência, que talvez não ultrapasse "alguns poucos círculos eleitos".[18] Sobre a possibilidade de um Estado da bela aparência, isto é, sobre a dimensão política da arte, Schiller conclui de maneira bastante cética:

> Como carência, ele [o Estado da bela aparência] existe em todas as almas de disposição refinada; quanto aos fatos, iremos encontrá-lo, assim como a pura igreja e a pura república, somente em alguns poucos círculos eleitos, onde não é a parva imitação de costumes alheios, mas a natureza bela e própria que governa o comportamento, onde o homem enfrenta as mais intrincadas situações com simplicidade audaz e inocência tranquila, não necessitando ofender a liberdade alheia para afirmar a sua, nem desprezar a dignidade para mostrar graça.[19]

---

[18] SCHILLER, Friedrich. *A educação estética do homem*, trad. Roberto Schwarz e Márcio Suzuki. 4.ª ed. São Paulo: Iluminuras, 2002.

[19] Idem, pp. 141-2.

Contra essa saída da arte como privilégio de poucos, saída que em muitos sentidos também é a do Romantismo e que tem na ironia seu princípio formal, Hegel insiste no fator da compreensão, por exemplo, na primeira parte dos *Cursos de estética*, quando examina a noção de público. O subcapítulo sobre o fim da forma de arte romântica começa advertindo que "permanece como determinação da arte que ela encontre a expressão artisticamente adequada para um povo" (*Cursos de estética* II, p. 338). Essa relação pública da arte e sua identificação com um modo de ser, de sentir e de sentido não é, portanto, um problema menor quando se trata do fim da arte.

Em suma, o cerne da abordagem hegeliana da questão do fim da arte diz respeito à função que a arte tinha, tem e ainda poderá ter como expressão de um mundo. Além disso, envolve o modo como os homens veem a arte e se relacionam com ela, não no plano apenas consumista, mas de significação concreta na vida de cada um. A pergunta que se coloca é: a arte ainda tem efetivamente alguma importância na vida ou é um fenômeno que em grande medida é apenas ainda cultivado devido a um hábito cultural herdado do passado ou da tradição?

O terreno de abordagem desses problemas é, portanto, a história. Sob este prisma, o fim da arte é uma noção temporal, que diz respeito à dinâmica do espírito humano na história.

Presente e passado na arte

A afirmação de que a arte permanece para nós algo do passado (*Cursos de estética* I, p. 25) tem um duplo sentido e gera implicações para além da estética de Hegel: 1. de que na época moderna não podemos mais tomar a arte como algo efetivamente significativo, como o lugar em torno do qual se exprimem os mais altos interesses dos homens e 2. de que o modo de realização da arte se vincula a um passado e, precisamente por isso, o passado é para nós essencial, talvez até essencial demais.

Paradoxalmente, o fim da arte, que não é término, implica então antes uma ampliação do que uma redução dos horizontes artísticos, pois permite que apreciemos e levemos em conta não apenas a arte do presente, mas a arte do passado. A constatação de que a arte não possui mais a mesma importância é acompanhada pelo desabrochar de uma consciência histórica, que pela primeira vez irrompe de modo radical nos séculos XVIII e XIX. O passado se revela para nós em toda a sua amplitude com o historicismo e o estabelecimento da arqueologia e das escolas de filologia. Ao mesmo tempo, esse movimento leva a uma constatação da menor importância da arte do presente, se comparada com a de outros tempos e com sua diversidade cultural e simbólica.

Mas, esse processo histórico também permite uma potencialidade do presente mediante uma abertura histórica para a arte de outras épocas e gera novas práticas artísticas relacionadas a um "uso" do passado, sem, no entanto, recair em mera cópia de formas estranhas e ultrapassadas. Apropriamo-nos tanto do presente quanto do passado, numa relação dialética de forma e conteúdo.

Nossa relação com as obras de arte passa a ser intelectual, na época do fim da arte, e nesse ponto é mais intensa do que era antes, quando ainda era concebida pelos sentidos imediatos de identificação e de transmissão. É instrutiva nessa linha a concepção do museu imaginário em André Malraux, ensaísta francês da primeira metade do século XX que se aproxima em alguns aspectos de Hegel.[20] Segundo Vielard-Baron, André Malraux divide a arte em três grandes categorias que se sucedem no tempo: inicialmente a arte era dirigida pelo sagrado,

---

[20] Cf. VIELARD-BARON, Jean Louis. "A 'verdade da arte' e a liberdade do espírito em Hegel e André Malraux", in *Ética e estética*. Rio de Janeiro: Zahar, 2001.

a seguir, já na época moderna, predominou a concepção do gênio e, no século XX, impõe-se a intemporalidade das obras de arte.

O museu imaginário é um conceito que corresponde a "um tesouro interior pessoal que cada um daqueles que amam a arte traz consigo".[21] Dito de outro modo, o museu imaginário é uma reunião de obras de arte "cujas afinidades não procedem da história, mas da subjetividade: uma subjetividade analógica".[22]

A classificação da história da arte por meio dos estilos (gótico, classicismo, maneirismo, barroco, rococó etc.) e mesmo a assimilação dos conceitos estilísticos pela crítica e teoria da arte, bem como pelos próprios artistas, no fim do século XIX e início do XX, gerará uma atitude mais formal diante das obras de arte.[23] Da mesma forma, uma resposta a esse estado de coisas é o surgimento do museu no século XIX, como o lugar de excelência da exposição de uma obra de arte, por mais que Heidegger, em *A origem da obra de arte*, veja nesse fenômeno uma perda.

---

[21] Idem, p. 112.

[22] COLI, Jorge. *O que é arte?*. 8ª ed. São Paulo: Brasiliense, 1987, p. 65 (Coleção Primeiros Passos).

[23] Jorge Coli analisa a posição e a intenção de Heinrich Wölfflin (1864-1945), que inaugurou o moderno conceito de estilo no campo da história da arte, em *O que é arte?*, op. cit., pp. 38-54. O termo "estilo", porém, já existia na Antiguidade, no âmbito da retórica, e foi empregado na época de Hegel, entre outros, por Winckelmann, em sua *História da arte da Antiguidade*.

Retraimento de mundo e ruína de mundo [*Weltentzug und Weltzerfall*] não podem mais ser eliminados. As obras não são mais aquelas que elas eram. Elas certamente ainda vêm ao nosso encontro, mas elas mesmas são as que foram. Como as que foram elas se apresentam para nós no âmbito da tradição e da conservação. A partir de então elas permanecem apenas tais objetos. Elas estão diante de nós certamente ainda como resultado daquela posição própria [*Insichstehen*] anterior, mas elas não são mais isso. Essa posição desapareceu delas. Todo o comércio artístico, mesmo que seja estimulado enormemente e realize muitos eventos em torno das obras, apenas alcança o ser objeto das obras. Mas isso não constitui seu ser obra.[24]

Hegel presenciou em torno de 1820 a primeira fundação de um museu em Berlim e certamente não teve uma visão tão negativa do mesmo, embora também não tenha sido, como pretende Hans Belting, um legitimador da musealização da arte, ou seja, da supressão de seu

---

[24]HEIDEGGER, M. "Der Ursprung des Kunstwerkes", in *Holzwege*. 8ª ed. Frankfurt am Main: Klostermann, 2003, p. 26.

caráter vivo e transformação em coisa morta.[25] Hegel apenas constata uma tendência que já vinha se impondo em todas as esferas culturais ao longo da segunda metade do século XVIII, a saber, a crescente historicização da consciência humana. E o museu é apenas um dispositivo desse processo maior. No entanto, são inúmeras as páginas da estética de Hegel que alertam para um empobrecimento e estreitamento de uma apreensão e prática meramente "eruditas" da arte.

O modo de lidar com o passado não deve nem procurar um retrato fiel do passado, como queriam certas tendências românticas, por exemplo, os nazarenos, nem pretender uma imposição dos costumes do presente ao passado, tal como acontecia com o teatro francês da época de Luís XIV, no século XVII. Embora a arte tenha de ter sempre uma autonomia diante da própria época, "ela mesma, enquanto objeto efetivo e singularizado, não é para si, e sim para nós, para um público que a contempla [*anschaut*] e a desfruta" (*Curso de estética* I, p. 266).[26]

Se, de um lado, na época contemporânea parece que perdemos um contato direto e fenomenológico puro com as obras, de outro lado pela primeira vez somos capazes

---

[25]BELTING, Hans. *O fim da história da arte*, trad. Rodnei Nascimento. São Paulo: Cosac Naify, 2006, p. 193.

[26]Examinei as implicações dessa afirmação hegeliana no artigo "Reflexividade, compreensão e historicidade no conceito de público teatral na *Estética* de Hegel", in *Filosofia e literatura*. Porto Alegre: Editora da PUCRS, 2004, pp. 83-94.

de nos inserir no fluxo da história, de nos pensar como agentes históricos num transcurso que nos ultrapassa. É claro que alguns autores como, por exemplo, Nietzsche, verão nesse fenômeno um excesso de história e uma espécie de cansaço da cultura. Essa consequência sem dúvida é correta, mas escapa a essa perspectiva a visão totalizante da história, bem como ela exprime antes uma reação do que uma situação efetiva.

A história da arte emerge nesse contexto com renovada importância. Na época de Hegel, com efeito, consolidaram-se pela primeira vez os principais ramos discursivos em torno das obras de arte: a teoria da arte, cuja herança vem do passado, e a novidade da crítica de arte e da história da arte, desenvolvidas principalmente no século XVIII. Na Alemanha, os dois grandes nomes, respectivamente, da história da arte e da crítica de arte, são Lessing e Winckelmann.[27] Lessing será decisivo na determinação de um tipo de reflexão voltado para as relações internas das obras e das diferentes artes, ao passo que Winckelmann será a grande referência para o exame do conteúdo da arte e de suas grandes configurações. O autor romântico August Schlegel, na "Introdução" aos *Cursos de literatura e arte*, escrito que pode ser tido como uma espécie de suma das posições românticas sobre a

---

[27]Sobre a importância de Lessing e Winckelmann para a cultura alemã da época, leia-se o relato de Goethe, no livro VIII de *Poesia e verdade*, vol. I, trad. Leonel Vallandro. 2ª ed. Brasília: Editora da Universidade de Brasília, 1986. pp. 243-73.

arte, considera essas três modalidades discursivas como a base a partir da qual deverá mover-se a disciplina de estética, e isso na medida em que as três modalidades forem aproximadas uma da outra. "A teoria, a história e a crítica das belas-artes são o assunto de meus cursos. Na verdade, não irei tratar de cada uma delas de maneira isolada e separada, e sim procurarei, na medida do possível, unificar e fundir reciprocamente todas as três".[28]

O que se depreende então historicamente do romantismo e do idealismo alemão é uma visão da complexidade cada vez maior do fenômeno artístico, que exige um aprofundamento e reordenamento de suas bases discursivas. A prática artística, por sua vez, não ficou alheia a isso, incorporando procedimentos mais apurados e outras dimensões de realização e apresentação.

---

[28] SCHLEGEL, A. "Vorlesungen über schöne Literatur und Kunst", in Mayer, Hans. *Meisterwerke deutscher Literaturkritik*. Stuttgart: Goverts, 1962, p. 609.

A dialética do início
e do fim da arte

Ao lado do aspecto histórico surge uma outra questão categorial decisiva para o tema do fim da arte, que diz respeito ao termo "fim", que não é nem "término" nem "morte". Como se sabe, a visão hegeliana do tempo não é linear e cronológica, e sim dialética, compreendido o termo "dialético" na acepção propriamente especulativa e hegeliana, de um *légein* que se transmite por meio de um outro, atravessando-o. O espírito do mundo ou a ideia, como podemos verificar na "Introdução" à *História da filosofia*, está e não está no tempo, é ao mesmo tempo eterno e transitório. E o processo dialético é circular, autorreferente, passa do em-si (*an sich* – potência) ao para-si (*für sich* – ato), de modo que o problema do fim somente existe porque há o problema do início e vice-versa. Não há ato sem potência e vice-versa. Dito em termos hegelianos e não apenas em termos aristotélicos: não há substância sem sujeito e vice-versa.

O desdobramento ou a progressão da história da humanidade consiste, nas palavras de Herder citadas por Hegel em sua *História da filosofia*, numa "corrente sagrada".[29] É um fluxo contínuo de retomadas e de aprofundamentos do ponto inicial: tanto uma atualização constante quanto uma potencialização do ponto inicial. Esse processo é vivo, nos concerne não como simples espectadores da história, pois "o decurso da história não nos apresenta o devir de coisas estranhas, mas nosso devir, o devir de nossa ciência".[30]

O fim é o desdobramento do início e o início coincide com o fim numa relação de dependência recíproca: o em-si é reconhecido como em-si somente no para-si e o para-si torna-se consciente somente como para-si do em-si, sendo um para o outro [*für-ein-Anderes*], ou seja, há um terceiro como mediação. Ora, se é assim, o fim já está no início, ou seja, desde os tempos antigos a arte já exprime de modo latente seu fim. Cada passagem de uma forma para a outra é a expressão de um fim. Da mesma maneira, o fim é o fim do início, não de uma outra coisa ou algo como um fim de si mesmo. Ele é antes um desenvolvimento permitido somente pelo início.

---

[29] "Vorlesungen über die Geschichte der Philosophie", in *Werke* 18, p. 21.

[30] Idem, p. 22.

Essa característica especulativa (no sentido do *speculum*: espelhamento) do movimento dialético tem importantes consequências, ressaltadas, por exemplo, por Gadamer, ao dizer que "Hegel vê na arte a presença do passado. Eis a grande e nova distinção que a arte efetivamente ganhou em toda a nossa consciência".[31] Em *A atualidade do belo*, Gadamer se refere também ao "caráter de passado da arte" [*Vergangenheitscharakter der Kunst*], de que o fim é no fundo uma tomada de consciência do início, de dependência ao início, mas também de libertação a partir do início. É somente no fim que nos damos conta do início, que o início e o fim se tornam ambos figuras de pensamento. Num outro artigo, de 1986, Gadamer afirma justamente que o caráter de passado da arte é no presente "a liberação da energia artística com o desprendimento total dos dados prévios relativos a conteúdos substanciais ante os quais os artistas não tinham outrora nenhuma escolha livre".[32]

---

[31] GADAMER, H. G. "O fim da arte? Da teoria de Hegel sobre o caráter de passado da arte à antiarte atual". In *Herança e futuro da Europa*, trad. António Hall. Lisboa: Edições 70, 1989, p. 52. Cf. igualmente: *O problema da consciência histórica*, onde se lê: "a consciência histórica encontra-se apta a compreender a possibilidade de uma múltipla relatividade de pontos de vista" (*O problema da consciência histórica*, trad. Paulo Cesar Duque Estrada. Rio de Janeiro: Ed. FGV, 1998, p. 18).

[32] "A posição da poesia no sistema da estética hegeliana e a pergunta sobre o caráter de passado da arte", in GADAMER, H. G.

Dito em outras palavras, tomamos consciência da radical historicidade que determina todos os fenômenos culturais. O fim da arte nos coloca a perspectiva de que a arte é definitivamente algo do passado, de que a arte possui duas referências: o presente e o passado, referências que passarão a partir de então a orientar de modo necessário o trabalho dos artistas no presente e, no limite, orientar o próprio processo de pensamento e da cultura como um todo.

Se o fim da arte é visto pela dialética de início e fim, então o tema possui paradoxalmente um certo grau de "atemporalidade", pois diz respeito a uma espécie de norma geral de saturação dos conceitos norteadores da cultura por meio do processo da história. Por outro lado, se insistirmos na perspectiva temporal, torna-se necessário primeiramente refletir sobre o processo, para além dos marcos iniciais e finais do desenvolvimento histórico. Com efeito, no início da primeira parte dos *Cursos de estética*, Hegel considera que desde o mundo antigo a arte esteve envolvida com uma perspectiva de fim, quando surgiu a filosofia com Platão. O surgimento da filosofia e o domínio do conceito [*Begriff*] impôs à arte, desde os tempos antigos, a tarefa da "defesa" do seu campo. É inerente à categoria "arte", na história

---

Hermenêutica da obra de arte, sel. e trad. Marco Antônio Casanova. São Paulo: Martins Fontes, 2010, p. 78.

ocidental logocêntrica, a constante e reiterada defesa e necessidade de legitimação do "sensível".

A perspectiva da radical historicidade da arte levou, assim, à "descoberta" do elemento universal criativo presente em todas as obras de arte verdadeiras, de modo que toda obra de arte é no limite a expressão de um fim, fim aqui com o sentido de finalidade. Uma vez tendo sido feito o percurso completo da arte pela história antiga e moderna, chega-se finalmente à conclusão do elemento universal presente em toda obra de arte verdadeira: sua singularidade como ato produtivo. A partir de agora, cada obra de arte poderá e deverá ser ela mesma o todo enquanto particularidade, deverá tornar-se um universal concreto, ou melhor, é na singularidade que deverá se apresentar a história. Isso pode ter várias consequências, pois pode-se considerar que as obras acabam nelas mesmas concentrando toda a história ou também que foram abandonadas pela história, são sem história.

Descobrimos, tal como nos diz o poeta Rainer Maria Rilke nas *Cartas a um jovem poeta*, que "as obras de arte são de uma infinita solidão; nada as pode alcançar tão pouco como a crítica".[33] A solidão das obras de arte, porém, como o resultado dessa passagem pelo transcurso da história, não implica um enfraquecimento de sua verdade, mas antes pode ser tomada como potencialização

---

[33]RILKE, R. M. *Cartas a um jovem poeta*, trad. de Paulo Rónai. 8ª ed. Porto Alegre: Globo, 1976, p. 32.

que revela uma plenitude renovada. As obras de arte, como seres que alcançaram agora vida própria, depois de "viajarem" pelo tempo e o "introjetarem" por meio da *Erinnerung* (recordação), passam a dialogar com o nosso íntimo, adquirem uma vida e simbolizam aquela "grande solidão" que deve acompanhar toda grande realização humana e todo ato verdadeiramente criativo, como ensina Rilke ao jovem aspirante a poeta Kappus.[34] As obras não apenas se impõem e se projetam como entes autônomos, mas permitem de maneira reflexiva que nós mesmos possamos descobrir em nosso íntimo uma dimensão inaudita. Abre-se assim o mundo da interioridade e a possibilidade de uma experiência única das coisas.

Nas *Cartas sobre Cézanne*, Rilke considera que as telas de Van Gogh e Cézanne, que naquele alvorecer do século XX ele então contemplava em Paris, reúnem tanto uma enorme simplicidade quanto um grande brilho interior. Cézanne "arruma suas maçãs sobre colchas [...], faz destas coisas seus 'santos'; e os obriga, os obriga a ser belos, a significar o mundo todo, toda a felicidade, toda a glória, e não sabe se conseguiu que as coisas façam isto para ele".[35]

---

[34]Idem, p. 48.

[35]RILKE, R. M. *Cartas sobre Cézanne*, trad. e pref. Pedro Süssekind. 5ª ed. Rio de Janeiro: 7Letras, 2006, p. 54.

A obra de arte como
um fim em si mesmo

No pensamento de Hegel, a questão do fim da arte está estreitamente associada com um outro tema que se consolida na estética do fim do século XVIII e no início do século XIX, a saber, o tema da autonomia da arte. Numa primeira impressão ou segundo uma visão determinista poder-se-ia deduzir o surgimento da autonomia da arte como consequência da perda de seu papel elevado na época moderna e ao mesmo tempo como reação. A autonomia surgiria como a garantia de um espaço próprio para a arte depois de esse espaço ter sido perdido ou roubado na práxis social.

Certamente é possível vislumbrar essa perspectiva teórica em Hegel, mas há sobretudo outras alternativas. Pois a autonomia, como o campo mais próprio da arte moderna subjetivista, implica ou "promove" também o próprio fim da arte, muito antes de ser um mero resultado do mesmo. Além disso, mesmo quando ainda não pensava neste problema como problema do fim da arte, na Antiguidade, a arte sempre foi, para Hegel, por essência e segundo seu conceito, "autônoma", de modo que essa associação direta e simplista da autonomia com a perda de efetividade da arte possui algo de falso ou equivocado.

Na verdade, Hegel trata em termos dialéticos da "autonomia" da arte, no subitem do começo da primeira parte dos *Cursos de estética*, relativo à posição da arte diante da efetividade finita, da religião e da filosofia. De um lado, a arte (tanto antiga quanto moderna) se encontra na "região de uma verdade mais alta, mais substancial, nas quais todas as contraposições e contradições da finitude encontram sua última solução e a liberdade sua completa satisfação" (*Cursos de estética* I, p. 114.). Isso significa que a arte está separada, em termos formais, da existência finita, a saber, da liberdade subjetiva e objetiva, do direito determinado, das leis, do Estado, enfim, da vontade interior e exterior efetivadas. O homem busca na arte algo que não encontra nesses campos, já que ele "sente que os direitos e os deveres não são suficientes nesses âmbitos e sob a modalidade mundana e novamente finita da existência; que em sua objetividade, como na relação com o sujeito, ainda carecem de uma comprovação e sanção mais altas" (*Cursos de estética* I, p. 114). Por outro lado, porém, o espírito infinito absoluto que habita na arte "não é um ser abstrato que se situa além da objetividade, e sim é a recordação [*Erinnerung*] da essência de todas as coisas no seio da objetividade, no espírito finito: a finitude que se apreende em sua essencialidade e, com isso, é propriamente essencial e absoluta" (*Cursos de estética* I, p. 115). Quer dizer, o "conteúdo" da arte não pode ser outro senão a objetividade e a subjetividade humanas, mas tratadas por sua essência e universalidade, tanto como processo de memorização cultural quanto de interiorização, enquanto *Erinnerung*. De modo que, se assim quisermos, a arte está e não está presente na realidade finita da existência.

Esse aspecto dialético de forma e conteúdo muitas vezes é desconsiderado nas discussões contemporâneas sobre a posição da arte na sociedade, por exemplo, no livro *Teoria da vanguarda* de Peter Bürger, onde esses tópicos "hegelianos" são relidos e conjugados de diferentes maneiras, no interior de outras constelações conceituais, principalmente no horizonte de concepções oriundas de autores da Teoria Crítica. Bürger mesmo afirma que procura "resolver teoricamente a relação de tensão entre duas tradições da modernidade estética [...] do impulso vanguardista de superação da autonomia da arte [...] e da modernidade [...] centrada na categoria de obra".[36] Segundo sua visão dualista, a arte encontra-se diante

---

[36]BÜRGER, Peter. *Teoria da vanguarda*, op. cit., p. 16.

de dois dilemas: ou se realiza separadamente da vida social ou procura integrar-se à vida social. De um lado, as vanguardas teriam visto na autonomia da arte algo a ser superado na direção da práxis da vida. Essa atitude se volta contra a sociedade burguesa e o "esteticismo" do século XIX, junto aos quais a arte apenas pode existir se estiver afastada da relação concreta do mundo do trabalho ou do reino de meios e fins. Mais tarde, porém, Adorno procuraria resguardar novamente a possibilidade da autonomia, mas não no sentido anterior, e sim com uma nova conotação, no contexto da possibilidade da arte na sociedade burguesa tardia.

Como se vê, essa abordagem de Bürger lida com contraposições e alternativas abstratas. Não lhe ocorre nunca abordar a natureza dialética da arte, de que não só na sociedade burguesa como em toda e qualquer sociedade, seja ela antiga ou moderna, a arte nunca emergiu diretamente da vida dos homens. Para Hegel, a arte, assim como a religião, sempre teve algo em comum com o "domingo da vida", à diferença dos dias da semana, embora ambos, os dias da semana e o domingo, tenham sentido somente se referidos um ao outro, em termos de forma e conteúdo (não abstratos, mas concretos). Nas *Preleções sobre a filosofia da religião*, ao tratar da natureza do culto religioso e da relação do mesmo com a consciência humana, Hegel afirma que "todos os povos sabem que a consciência religiosa é aquilo no qual eles possuem verdade e eles sempre consideraram a religião como sua dignidade e como o domingo da vida".[37] Algo semelhante é dito na crítica à concepção romântica de uma interioridade divorciada da vida, na resenha que fez das obras de Solger: "Mas, o culto [...] é apenas o domingo da vida, seguem-se os dias de semana; o homem sai do gabinete da interioridade para o presente e o trabalho particulares e surge então a pergunta: como o reflexo do divino, que está presente no culto, se mostra nesse mundo?"[38] Dessa forma, a arte como "conteúdo" é o dia da semana e como "forma" é o domingo da vida, lembrando-se, porém, que no pensamento de Hegel forma e conteúdo sempre se intercambiam e de modo algum podem ser isolados ou separados. Assim como não faz sentido falar de fim de semana sem os dias da semana, também não há dias da semana sem o fim de semana. Um se diz a si pelo outro e no outro, que é o outro de si mesmo.

Voltando à questão da arte, temos que a forma artística está afastada da finitude, mas como verdade infinita do finito. Dessa maneira, possui um conteúdo próprio nela mesma, que é a negatividade daquela finitude. Cabe aqui ter em mente a diferença entre a forma infinita e a forma finita sensível, entre a *Form* e a *Gestalt*, bem

---

[37] *Vorlesungen über die Philosophie der Religion*, *Werke* 18. Frankfurt am Main: Suhrkamp, 1986, p. 12.

[38] "Solgers nachgelassene Schriften und Briefwechsel", in *Berliner Schriften*. 1818-1831, *Werke* 11. Frankfurt am Main: Suhrkamp, 1986, p. 258.

como entre o conteúdo particular e o conteúdo depurado pelo processo histórico, entre o *Inhalt* e o *Gehalt* de uma obra de arte.

Na verdade, os dois temas, tanto o do fim da arte quanto o da autonomia, são reflexivos, no sentido hegeliano do termo. Andam, por assim dizer, contraditoriamente juntos. Assim como o fim da arte possui em Hegel um caráter dialético, o mesmo ocorre com a noção de autonomia, que pode ser tanto um "ganho" quanto uma "perda" cultural.

No que se segue pretendo indicar apenas o parentesco destes dois tópicos, tanto na estética de Hegel quanto no pensamento estético de sua época, sugerindo com isso uma afinidade entre ambos, afinidade que, por seu lado, aponta para diversas possibilidades teóricas. Não me parece possível resolver a relação de ambos por um esquema único e fechado de pensamento.

Na época de Hegel, foram principalmente Karl Phillip Moritz e Goethe, mais tarde Schelling, que consideraram que toda obra de arte é um organismo em si mesmo acabado, possui a manifestação de um fim nela mesma e, portanto, habita uma região própria e autônoma.[39] No plano puramente filosófico, essa posição foi confirmada

---

[39] Willi Oelmüller afirma que "o conceito hegeliano de religião da arte foi decisivamente influenciado pela filosofia da arte de Moritz e de Schelling" ("Hegels Satz vom Ende der Kunst und das Problem der Philosophie der Kunst nach Hegel", op. cit., p. 92).

por Kant, mediante a concepção de um juízo estético reflexionante.

Karl Phillip Moritz pensa tanto a mitologia (como linguagem da fantasia) quanto a obra de arte a partir da perspectiva de um acabamento interior e autônomo. Em sua *Doutrina dos deuses* lemos: "os poemas mitológicos devem ser considerados como tal, eles constituem por assim dizer um mundo por si e têm de ser retirados do âmbito da conexão entre coisas reais".[40] E uma vez que o principal conteúdo do artista é o elemento mais elevado e simbólico da mitologia, trata-se para ele de se manter referido a esse campo autônomo e não ao efeito exterior. No ensaio "Sobre o conceito do em si mesmo consumado" lemos: "O verdadeiro artista procurará levar à sua obra a suprema conformidade a fins interior ou a perfeição; e se a obra é então aplaudida, o artista certamente se alegrará, mas seu autêntico fim ele já atingiu com a consumação da obra".[41] Já no ensaio "Sobre a imitação formadora do belo", resenhado por Goethe e escrito a partir de um contato vivo com as telas dos grandes mestres italianos (um exemplo central é *Fortuna*, de Guido Reni), a autonomia da obra de arte é situada em analogia com o modo de operação da natureza, donde

---

[40] MORITZ, K. P. "Götterlehre oder mythologischen Dichtungen der Alten", in *Werke*, org. Horst Günther. Frankfurt am Main: Insel, 1981, p. 611.

[41] MORITZ, K. P. "Über den Begriff des in sich Vollendeten", in *Werke*, op. cit., p. 547.

emana propriamente o paradigma do organismo: "cada todo belo produzido pela mão do artista plástico é, pois, em pequena escala, uma cópia do belo supremo no todo maior da natureza".[42]

Goethe conheceu Moritz na Itália e, juntos, fizeram vários passeios por Roma, por volta de 1786. E as concepções de Moritz exerceram profunda influência na visão artística de Goethe em seus *Escritos sobre arte*, tal como podemos verificar no ensaio mais decisivo que escreveu, a saber, sobre o grupo escultórico do *Laocoonte*. No início desse ensaio, se afirma que "uma obra de arte autêntica, assim como uma obra da natureza, permanece sempre infinita para o nosso entendimento".[43] Transpondo essas concepções para o terreno do idealismo, Schelling, que havia tomado contato com a doutrina das cores de Goethe, afirmará algo parecido, ao tomar a obra de arte como a ideia ou como o todo, pois "na verdadeira obra de arte não há beleza isolada, somente o todo é belo".[44]

Com o fim da arte ou, com o que agora estou pretendendo indicar, com o ingresso da arte no domínio da autonomia e da idealidade imanente, pode-se dizer que

---

[42]MORITZ, K. P. "Über die bildende Nachhamung des Schönen", op. cit., 1981, p. 561.

[43]GOETHE, J. W. "Sobre Laocoonte", in *Escritos sobre arte*, trad. Marco Aurélio Werle. São Paulo: Imprensa Oficial/Humanitas, 2008, p. 117.

[44]SCHELLING, F. *Filosofia da arte*, trad. Márcio Suzuki. São Paulo: Edusp. 2001, p. 22.

cada obra de arte é o fim de uma outra obra de arte, a qual ela nega a fim de poder existir como obra original e na medida em que implica o verdadeiro início e fim da arte nela mesma. Esse tópico remete indiretamente à *Crítica da faculdade do juízo* de Kant, onde existem apontamentos de que a teoria da arte, pensada desde a perspectiva da autonomia do juízo reflexionante e do gênio, estará fadada a permanecer estacionada ou alheia à história. Se cada obra de arte verdadeira é a expressão do gênio e é um fim em si mesma, na analogia com o organismo da natureza, não há, portanto, história da arte, não há nem fim nem começo e tampouco o problema da história se colocará. Teremos um conceito sem conceito, uma finalidade sem fim e um interesse sem interesse, tal como estabelece Kant em sua análise categorial do juízo de gosto.

E, assim, se de um lado a perspectiva do gênio na arte foi uma conquista do século XVIII, a partir da verificação de diferentes paradigmas criativos que não aqueles preconizados pelo estreito esquema pré-fixado pelas poéticas, por outro lado o paradigma da originalidade implicará uma trans-historicidade ou a-historicidade *sui generis*. Kant observa no § 47 da *Crítica da faculdade do juízo* que na ciência há acúmulo de conhecimentos e progressão, mas o mesmo não se pode dizer da arte bela como arte do gênio. Para os gênios "a arte cessa em algum ponto enquanto lhe é posto um limite além do qual ela não pode avançar e que presumivelmente já foi alcançado a tempo e não pode mais ser ampliado".[45]

Essa referência ao gênio e à autonomia da obra de arte, enquanto fenômenos "simultâneos" ao tema do fim da arte, permite também relacionar o fim da arte com o fim do princípio da imitação na arte. Num controvertido e polêmico artigo que escreveu sobre a "condenação hegeliana" da arte, Gerd Bornheim assinala justamente isso, que a "morte" da arte em Hegel se refere à impossibilidade que a arte passou a ter, depois do barroco, de imitação dos universais concretos, fornecidos até então principalmente pela religião. "O que realmente autoriza Hegel a falar em morte da arte — é a primeira vez na história que isso acontece — é o fato, já consumado, de que a arte passou a enveredar por caminhos totalmente outros que os previsíveis pela surrada noção de imitação".[46]

---

[45]KANT, I. *Crítica da faculdade do juízo*, trad. Valério Rohden e António Marques. 2ª ed. Rio de Janeiro: Forense Universitária, 1995, p. 155.

[46]BORNHEIM, G. "O que está vivo e o que está morto na estética de Hegel", in *Artepensamento*, org. Adauto Novaes. São Paulo: Companhia das Letras, 1994, p. 135. O mesmo pensamento surge numa entrevista concedida em janeiro de 2000 para o livro *Conversas com filósofos brasileiros*: "Porque Hegel tem toda a razão quando põe essa questão, mas apenas para a arte do passado, a chamada arte da imitação, que é sempre teológica e política-religiosa. Essa arte morreu, não por causa de Hegel, mas a partir do barroco. Depois do barroco, não há mais arte religiosa, ela acabou de vez." (NOBRE,

Certamente o fim da arte é a expressão de um certo abandono por parte da arte de um conteúdo elevado, como veremos nos próximos capítulos. No entanto, cabe assinalar um certo equívoco no tratamento do fim da arte como sendo a "morte da arte". Parece-me errônea a pretensão de localizar, em termos de datas ou de movimentos artísticos, o fim da arte, pois se trata antes de uma interrogação conceitual aberta e não de um problema "localizado" e a ter de ser localizado no espaço e no tempo. Discordo, portanto, de Gerd Bornheim, por mais que sua posição seja instigante, quando situa o fim da arte em Hegel a partir do barroco. Gadamer afirma, em contrapartida: "Hegel certamente não queria dizer — e como o faria? – que com o barroco e suas formas tardias do rococó, marchara para o palco da história universal o último estilo do ocidente".[47]

Nessa mesma direção de identificação do fim da arte com fenômenos de época se encontra a abordagem de

---

Marcos/REGO, José Márcio (org.), *Conversas com filósofos brasileiros*, op. cit., p. 59).

[47] GADAMER, H. G. *A atualidade do belo (A arte como jogo, símbolo e festa)*, trad. Celeste Aída Galeão. Rio de Janeiro: Tempo Brasileiro, 1985, p. 15. Podemos aqui trazer também o testemunho de Peter Bürger, que considera que a arte barroca é apenas sacra na sua aparência exterior e que, no fundo, avança para a emancipação do estético. "A impressão despertada pela arte barroca é, sem dúvida, extraordinária; mas só de maneira relativamente frouxa ela ainda se acha ligada ao objeto religioso" (*Teoria da vanguarda*, op. cit., p. 92).

Gianni Vattimo, em seu ensaio de 1986, intitulado *O fim da modernidade*. Sua tese no capítulo III, "Morte ou ocaso da arte", consiste em localizar a "morte da arte" na época contemporânea como uma realização pervertida. "A morte da arte significa duas coisas: em sentido forte, e utópico, o fim da arte como fato específico e separado do resto da experiência, numa existência resgatada e reintegrada; em sentido fraco ou real, a estetização como extensão do domínio dos *mas-media*".[48] Novamente aqui vemos que a noção de fim da arte é tomada num sentido de "término" de uma certa experiência, quando, na acepção hegeliana, em momento algum se põe em dúvida que o homem continuará fazendo arte segundo uma certa continuidade histórica. Obviamente a interferência da técnica no meio artístico e a estetização geral da existência pelos fenômenos da mídia (hoje diríamos da internet), da qual fala Vattimo, são fenômenos que se puseram em grande medida no lugar de uma experiência "genuinamente" artística. No entanto, isso não implica o término do caráter *poiético* produtivo da arte, a ser sempre distinguido de outros artefatos que nos cercam no cotidiano.

Como já ressaltei, se há uma relação intrínseca entre início e fim, isso significa que nós mesmos somos, como espírito e como ideia, o início e o fim. Ambos não podem

---

[48]VATTIMO, G. *O fim da modernidade*, trad. Eduardo Brandão. São Paulo: Martins Fontes, 1996, p. 45.

ser isolados, ou seja, exigem o convívio no plano de uma consciência histórica mais alargada. Todo o empreendimento hegeliano na estética, desde a articulação das formas de arte e das artes particulares, caminha na direção do exame dos inícios e dos fins específicos das formas artísticas. Povos e épocas tiveram início e fim junto com determinadas formas artísticas que lhe eram próprias.

E, assim, a expressão "morte da arte" torna-se problemática, principalmente se tomarmos a noção de morte no sentido mais corriqueiro de findar. A expressão "morte da arte" é imprecisa porque o fim da arte, como já procurei enfatizar, não é um término e sim põe em jogo o aspecto histórico de que a cultura ou o percurso do espírito continuam propagando formas do passado. Não se diz que a arte cessará, mas que ela não possui mais uma posição elevada. Se isso implica uma morte, a longo prazo ou lentamente, esse é um ponto que somente a história (como teoria e prática) poderá decidir. Mas, a tendência da história, entendida como algo que apenas pode ser pensada na referência ao gênero humano existindo na conexão temporal, é incorporar nela mesma as formas do passado. Por isso, continua-se fazendo arte, embora uma arte que possui uma posição subordinada e é de alguma maneira uma forma passageira, relativa ao passado.

A relação íntima entre o início e o fim, de um momento a ser pensado pelo outro, impede também a proposta do retorno nostálgico ao início e de se enfatizar o caráter de "perda" (perda da aura, por exemplo, em Walter Benjamin). E aqui nos aproximamos de certas perspectivas presentes na própria época de Hegel, tal como a de Winckelmann, que propunha a imitação dos antigos, para nos tornarmos "inimitáveis". Com efeito, o tema do fim da arte já está presente em vários autores da época da estética de Goethe, nas muitas tentativas de repensar a "querela dos antigos e modernos" de uma maneira não estática, e sim especulativa e historicamente ampliada. Em Winckelmann, em Schiller, em Schlegel e em Goethe, bem como no romantismo em geral, surgem várias fórmulas do "fim" em relação ao início e uma certa dialética entre o presente e o passado, por exemplo, entre o ingênuo e o sentimental, entre o clássico e o romântico, entre o natural e o artificial etc. No idealismo nascente, mais precisamente no "Mais antigo programa de sistema do idealismo alemão", surge a reivindicação de uma "nova mitologia"[49] e Hölderlin, por exemplo, falará da "ausência dos deuses" no horizonte da contraposição entre a clareza da exposição ocidental e o fogo do céu dos gregos (nas cartas a Böhlendorf de

---

[49] "Nós precisamos de uma nova mitologia, mas essa mitologia deve estar à serviço das ideias, ela deve ser uma mitologia da razão." (HEGEL, G. W. F. "Das älteste Systemprogramm des deutschen Idealismus", in *Werke* 1. Frankfurt am Main: Suhrkamp, 1986, p. 236).

dezembro de 1801 e novembro de 1802).[50] De modo geral, no pós-kantismo e no idealismo alemão se expressará um mal-estar diante dos rumos tomados pela época moderna, tida como responsável pelo aprofundamento da cisão do homem moderno.

---

[50] "Acredito que a clareza da representação [*Darstellung*] nos é tão originariamente natural como é para os gregos o fogo do céu." (HÖLDERLIN, Friedrich. *Werke in einem Band*. Munique: Hansa, 1990, p. 655).

Crise do conceito
de obra de arte

O fim da arte implica principalmente o abandono do conceito de obra. A noção de "obra", nesse caso, significa não apenas o substrato material ou o objeto plasmado e figurado, mas possui o significado clássico (e hegeliano) de expressão de uma realidade histórica, de uma unidade ética e coletiva e de um sentido unificador que se coloca para além da relação entre sujeito e objeto. A arte na época moderna não possui mais uma mitologia e penetra no campo da contingência. No lugar dos deuses ou do Deus surge o homem na arte, o *"humanus* é o novo santo"* (Cursos de estética* II, p. 342) e se faz valer a finitude das paixões e das relações humanas mais restritas. Isso não significa que a época moderna, tal como ocorreu no Renascimento, deva reencontrar seu objetivo na realização de um novo humanismo. Muito pelo contrário, a centralização no humano gera paradoxalmente uma crise do próprio modo de ser do homem, pois o homem, voltando-se a si mesmo, impinge-se um peso que não é tão fácil de sustentar e carregar.

O *humanus*, do qual fala Hegel, é o elemento universal humano que se torna uma referência a partir do século XVII, tanto na direção de uma valorização do caráter nacional e popular quanto de uma valorização das épocas históricas, por mais distantes que estejam (o mundo oriental, por exemplo, como origem da história mundial e da arte).[51] O espírito, na época moderna, não pretende mais realizar-se na exterioridade, entrar numa fusão com a matéria, derramar-se nela (como na escultura grega), pois impera agora a categoria da aparência, do reflexo no exterior de uma interioridade certa de si mesma.

Como diz Hegel no começo da "Forma de arte romântica", o romântico (a era cristã como um todo) é um mundo cindido, dividido entre uma interioridade certa de si mesma e uma exterioridade independente, deixada à sua sorte. "A totalidade simples, consistente do ideal, se dissolve e se decompõe na totalidade dupla do subjetivo, que é em si mesmo, e do fenômeno exterior, para

---

[51] Na *Filosofia da história*, o mundo oriental constitui para Hegel o início da humanidade, a primeira parte da história mundial, sendo sucedido por outras três partes: o mundo grego, o mundo romano e o mundo germânico. Já nos *Cursos de estética*, o Oriente constitui o momento da "pré-arte", ou seja, da forma de arte simbólica, sendo sucedido pela forma de arte clássica (a Grécia) e pela forma de arte romântica (o Cristianismo).

permitir ao espírito alcançar, por meio dessa separação, a reconciliação mais profunda em seu próprio elemento do interior" (*Cursos de estética* II, p. 252).

Por isso, não há mais a preocupação com o amalgamento com o exterior, como ainda ocorria na escultura grega. Não é mais o "objeto", o divino, e sim o tratamento subjetivo que se ressalta, tal como, por exemplo, opera um dramaturgo em relação aos mais variados materiais de que se serve. Essa passagem do elevado ao ordinário e comum na vida dos homens ocorre exemplarmente na arte da pintura, na passagem da pintura elevada e religiosa italiana da época do Renascimento para a pintura prosaica holandesa do século XVII, das quais tratarei no capítulo seguinte.

O contraponto da ausência da obra na época moderna será o conceito de parcialidade da obra de arte, como considera um dos mais destacados comentadores da filosofia alemã clássica, Dieter Henrich, que em 2003 estabeleceu três pontos em torno dos quais giraria o diagnóstico hegeliano da arte do presente:

- o elemento humano como predominante;
- a determinação do humor como traço anímico fundamental;
- a ideia de que a obra de arte apenas pode ser parcial, não totalizante como no passado.[52]

---

[52] *Fixpunkte. Zerfall und Zukunft. Hegels Theoreme über das Ende der Kunst.* Suhrkamp: Frankfurt am Main, 2003, p. 76.

Essas considerações mais recentes de Henrich podem ser tomadas como desdobramentos de um ensaio concebido nos anos 1960, no âmbito dos colóquios de hermenêutica promovidos por Jauss e Iser. Naquela época, no ensaio intitulado "Arte e filosofia da arte da atualidade (Reflexões a partir de Hegel)", mais precisamente no subitem acerca do prognóstico de Hegel de uma arte do futuro, Henrich já havia estabelecido quatro pontos centrais do legado da estética hegeliana:

- a renúncia a uma utopia no que se refere à arte do futuro;

- a reflexividade como condição fundamental da consciência e da vida atuais;

- o fato de que o artista se torna uma tábula rasa em sua relação com formas estilísticas da história;

- o caráter parcial da arte recente.[53]

Resumindo a posição de Henrich, com a qual concordo inteiramente, pode-se dizer que o elemento humano subjetivo está no centro da época moderna. O assunto da arte passa a ser a vida humana em sua glória e declínio,

---

[53]HEINRICH, Dieter. "Kunst und Kunstphilosophie der Gegenwart (Überlegungen mit Rücksicht auf Hegel)". In Iser, W. (org.). *Immanente Ästhetik. Ästhetische Reflexion. Lyrik als Paradigma der Moderne.* Kolloquium Köln, 1964/ Munique: Fink, 1966, pp. 14-5.

em suas diferenças e contrastes, paixões e vícios, interesses particulares e de grupos ou de classes, familiares etc. Diante do mundo antigo e medieval, o elevado, o divino e o substancial das grandes forças desceu ao patamar do cotidiano, do ordinário e da intimidade. Esse novo conteúdo exigirá uma outra forma de tratamento. O artista agora terá de abrir-se a um amplo leque de possibilidades formais e de conteúdos, terá de ser tábula rasa. Diante dessa relatividade ganha relevo a categoria do humor, como flexibilização do caráter sério do conteúdo elevado anterior. Note-se aqui que o humor não remete somente a um particular estado de ânimo da época moderna, mas está intimamente relacionado à perda do caráter substancial. Em vários momentos dos *Cursos de estética*, Hegel considera que a comédia é um fenômeno que sempre ganha mais força naqueles momentos de dissolução e declínio da vida ética. Ligado a isso está a categoria da parcialidade, no sentido de que cada conteúdo estará acompanhado, na modernidade, de uma resignação intrínseca. Nenhum artista moderno poderá alimentar a pretensão de surgir no "palco" da arte como um Homero, Sófocles ou Dante. O que ele realiza agora é reflexivo, está desde o princípio "absorvido" na cultura formal e contingente. E não só isso, a configuração artística terá de ser parcial como forma de a arte dar conta de um conteúdo reflexivo e intelectual que a ultrapassa. Cada obra de arte deve necessariamente deixar um espaço para um elemento excedente, para uma verdade que, devido à sua carga reflexiva, não cabe mais em uma única figuração sensível e particular.

Voltando à questão da obra, ela ultrapassa o problema específico de algo a ser feito unicamente pelo artista, como se a crise da obra fosse um problema da crise da produção individual. A impossibilidade da obra de arte não se deve à falta de gênios ou à ausência de talentos (*Cursos de estética* I, p. 25). "Obra" remete aqui ao sentido mais amplo de uma coletividade que tem uma obra a ser feita, a ser concretizada. Uma obra poderá existir e fará sentido caso uma época histórica possua interesses comuns passíveis de serem configurados em obra. A obra do artista reflete a possibilidade da obra social e se essa obra social, como é o caso na época moderna fragmentada, não pode mais existir, logo não faz mais sentido que o artista constitua uma obra e nem que vá em busca da obra perfeita. Sua produção terá o caráter da parcialidade, será a expressão individual que o artista extrai de si mesmo e do seu entorno ou da própria história, mas apenas como matéria, pois a forma do passado não poderá ser aplicada ao presente.

Na discussão contemporânea, uma das causas apontadas do declínio da atividade artística é a desvalorização do fazer artístico enquanto tal, o qual sempre guardou uma forte familiaridade com a atividade artesanal. Com a possibilidade ilimitada e variada da reprodução técnica de artefatos e mesmo com a interferência técnica em quase todos os objetos que nos cercam no cotidiano, parece que o artista perdeu espaço como inventor de formas e configurações. A habilidade e o talento não possuem mais o mesmo espaço para se exercitar, tornando-se obsoletos, da mesma forma como se extinguem certas profissões tradicionais.

Esse tópico de alguma forma já se apresenta em Hegel, mas como uma reflexão sobre o estatuto da *ação humana*. Quanto mais o mundo moderno aprofundou a cultura da reflexão e estruturou o mundo de acordo com ela, menos importância tem a ação humana como ação individual. Isso tem reflexos diretos na arte, não apenas do ponto de vista material e espacial do fazer, mas pelo fato de que sua base é a *techné* e a *poiesis*. A crise da obra de arte é, portanto, a crise da possibilidade de o homem ser ele mesmo uma obra, de poder se inventar e se reinventar na sociedade moderna. O fazer humano perdeu seu sentido ou, em todos os casos, tornou-se contingente: pode ser ou não ser, deixou de ser necessário, de possuir um *telos* de significação.

Na estética de Hegel há tanto uma reflexão sobre o surgimento da obra na história da arte quanto uma reflexão sobre a amplitude social e coletiva que implica a noção de obra. Uma obra de arte apenas surge quando há um contexto significativo que a alicerce, uma unidade de sentido como expressão de uma verdade, presente tanto para quem produz arte quanto para quem é o destinatário, para o público. Só há obra quando a configuração artística é capaz de exprimir uma autonomia. Essa autonomia não é produzida pelo artista como gênio, mas decorre da possibilidade que a arte possui de expressar a verdade. É a verdade de um povo que garante o caráter de obra da obra, para usarmos aqui uma expressão fenomenológica e hermenêutica de Heidegger, mas que também se aplica a Hegel.

Lidar com a parcialidade significa produzir uma arte que possui nela mesma a consciência de que não representa o todo enquanto tal, mas apenas indiretamente. Daqui surge a tendência ao fragmentário, ao gesto e inclusive para o humor. Hegel coloca o humor como categoria fundamental válida tanto na poesia quanto na pintura da época moderna: pintura de gêneros dos holandeses com seus pequenos quadros de situações cotidianas e certas produções poéticas tardias de Goethe e de Hippel. Mesmo os dramas de Shakespeare, apesar da proposta séria e elevada envolvida na forma do drama de caráter, lidam com esse traço humorístico, com uma espécie de consciência da limitação. O humor é o contraponto da seriedade do conteúdo anterior marcado pela religiosidade. A obra acaba por incorporar nela mesma a dissolução como elemento formal, pelo caminho da ironia, do cômico e do grotesco, e se aproxima do pensamento não mais artístico, da filosofia e de seus processos de negatividade.

Os dramas de Shakespeare
e a pintura holandesa do século XVII

Na estética de Hegel podemos destacar dois exemplos decisivos da arte moderna que lidam com a perspectiva da impossibilidade da obra de arte em sentido elevado: os dramas de Shakespeare e os quadros de gênero da pintura holandesa do século XVII. Esses dois exemplos correspondem também ao fato de que, para Hegel, são a pintura e a poesia, e não a arquitetura e a escultura e muito menos a música, que melhor souberam, na modernidade, acolher os objetos em sua particularidade contingente e lidar com uma apreensão e execução subjetiva.

A coincidência entre a arte da pintura e o fim da arte em Hegel nos remete, por sua vez, para a atualidade de seu pensamento no debate contemporâneo, pois o fim da arte no século XX foi em grande medida confundido com a "morte da pintura". No Brasil, a posição de

Ferreira Gullar, em sua polêmica "contra a morte da arte", gira em torno desse ponto. Ele mesmo afirma que "a discussão em torno da antiarte e do 'fim da arte' diz respeito à eliminação ou destruição do quadro como suporte da pintura".[54] Mais criticamente, o colombiano Javier Domingues nos diz que "é inegável que a invocação mais frequente tem sido a do 'fim da arte' mal compreendido como a 'morte da pintura' [...] esse diagnóstico da morte tem sido recorrente na pintura moderna: nos anos sessenta era impossível ignorá-lo'".[55]

A precariedade da obra, em sentido elevado, nos "dramas de caráter" de Shakespeare, passa pela inexistência de uma reconciliação ética. As paixões subjetivas dominam

---

[54] "O quadro e o objeto", in GULLAR, F. *Argumentação contra a morte da arte*. Rio de Janeiro: Revan, 2005, p. 29. Permito-me aqui uma observação crítica a essa obra: sente-se falta nela de uma abertura para formas de efetivação mais complexas da arte, posteriores à década de 1960. Da mesma forma, a compreensão de Gullar do que vem a ser uma teoria da arte ou uma reflexão sobre a obra de arte é de senso comum e eivada de preconceitos. Gullar não se dá conta de que suas concepções sobre a "verdadeira" obra de arte, via de regra extraídas de teorias abstratas sobre a criação, a genialidade ou a vitalidade da arte, são tão ou mais precárias, frágeis e obsoletas que as produções artísticas que procura atacar como sendo "pseudoarte".

[55] "Posiciones filosóficas de Hegel y Danto sobre 'el fim del arte'", in HERNÁNDEZ, J. D. *Cultura del juicio y experiencia del arte. Ensayos*. Medellín: Imprenta Universidad de Antioquia, 2003, p. 212.

a cena e são o interesse principal: o ciúme em Otelo, a ambição em Lear, o amor em Romeu e Julieta. Nesses dramas são representados desenvolvimentos interiores e inteiramente subjetivos, no sentido de um "desenvolvimento das paixões" [*Entwicklung der Leidenschaften*]. Com o predomínio da dimensão subjetiva é excluído todo o domínio que concerne a um desenvolvimento objetivo da ação dramática, peculiar à tragédia do mundo antigo e, com isso, fica ausente a dimensão ética.[56]

O desenvolvimento desta esfera subjetiva no drama moderno se orienta basicamente segundo três momentos, que podem estar presentes conjuntamente numa peça ou numa única personagem ou se configurar isoladamente em diferentes personagens. Um primeiro momento é constituído pelo caráter resoluto e firme das personagens, que levam a cabo os seus anseios mais íntimos; um segundo momento se caracteriza pelo fechamento do caráter em si mesmo, em sua autonomia própria; e um terceiro momento se determina, enfim, pelo confronto com a realidade. Em outras palavras, as personagens de Shakespeare seriam inicialmente marcadas por um ímpeto firme pela ação, que não se deixa abalar pelas circunstâncias externas. São indivíduos "práticos", que não se perdem em dúvidas e não hesitam em impor sua vontade, em se afirmar. Com isso, em segundo lugar,

---

[56] A abordagem que se segue baseia-se em um trecho de meu livro *A poesia na estética de Hegel* (São Paulo: Humanitas, 2005).

emerge uma "personalidade forte", um caráter não fragmentado, mas coeso, que forma um todo em si mesmo e uma rica interioridade. No entanto, esse tipo de caráter em algum momento tenderá inevitavelmente a se chocar com a realidade que o cerca. A alternativa de um caráter que poderia se retrair em si mesmo e viver seu mundo particular em solidão não faz parte da concepção dramática de Shakespeare, segundo Hegel. E, assim, um terceiro aspecto se refere ao confronto com o mundo. Na ótica hegeliana, isso necessariamente gerará um fracasso, pois, na época moderna "burocratizada", estreita e sufocante, o indivíduo sempre tenderá a entrar em conflito com a sociedade. Aqui apenas se mostra uma saída possível: o indivíduo desmorona em seu caráter, pois tanto ele quanto o mundo no qual age são contingentes.[57]

a) Em relação ao primeiro momento de estruturação destes caracteres ressalta-se que eles buscam o necessário apoio para a sua ação não numa instância exterior, mas neles mesmos, de modo inteiramente imediato, sem uma

---

[57]Este desenvolvimento subjetivo do caráter possui uma certa relação com a lei aristotélica da unidade (da ação) dramática, que no drama moderno é subjetiva e confinada ao caráter (*Werke* 15, p. 482), e não é pautada pela ação objetiva. Neste ponto, a leitura que Hegel faz de Shakespeare remonta a uma tradição que vem da época do jovem Goethe, quando, inspirado em Shakespeare, Goethe compôs o *Götz von Berlichingen*, obra na qual a ação também se encontra amarrada em torno da personagem central Götz.

reflexão ulterior, mas com uma confiança inabalável em si mesmos. O motor da ação é exclusivamente a estrutura psicológica das personagens. O principal exemplo referido por Hegel é extraído da peça *Macbeth*. Macbeth é informado pelas bruxas, de que seria thane de Cadwor e rei a partir disso. Hegel destaca neste contexto o papel das bruxas, que são apenas motivos exteriores que dão a conhecer o profundo desejo de poder que está em Macbeth mesmo (*Cursos de estética* I, p. 237). As bruxas não se igualam ao papel dos deuses no mundo antigo, pois aparecem apenas externamente. Igualmente, Lady Macbeth é a expressão transparente de um tipo de caráter subjetivo que, seguro de si, em sua dureza está apenas orientado pela ambição, e não demonstra nenhum sentido ético, nenhuma simpatia. A única coisa que ela teme é que seu marido não seja inflexível o suficiente para executar seus planos despóticos (cf. *Cursos de estética* II, pp. 313-4).

A análise hegeliana da peça não se detém propriamente no enredo com suas reviravoltas, recai principalmente sobre a estrutura psicológica das personagens. O que surpreende nas duas personagens principais é a resolução quase demoníaca para a ação, que não é capaz de ser detida por nada; elas se mostram consequentes do começo ao fim do drama, perseguindo apenas um único fim, por mais cruel e desumano que seja, não hesitando por um minuto e promovendo sucessivos assassinatos. Ambos parecem estar unicamente a serviço de desejos e permanecem sempre fiéis à sua paixão particular, desenvolvendo-a para o exterior:

> O agir de Macbeth [...] aparece ao mesmo tempo como um embrutecimento de seu ânimo, com uma consequência que, depois de ter sido abandonada a indecisão, o lance ter sido dado, não se deixa mais conter por nada. Sua esposa está desde sempre decidida, o desenvolvimento nela mostra-se apenas como a angústia interior que se eleva até o destroçamento físico e espiritual, até a loucura, na qual ela sucumbe. (*Cursos de estética* II, p. 315)

O mesmo traço Hegel vê em Hamlet, que apenas aparentemente se mostra como uma natureza fraca, incapaz de decisão e vacilante. Pois a dúvida que ele tem diante da ação significa, na verdade, que ele quer alcançar prudentemente em seu próprio ânimo uma certeza definitiva para agir, e não que necessita ser levado a agir pelo espectro de seu pai. O teatro encenado diante do rei é o recurso utilizado para chegar a esta certeza:

> Hamlet vacila porque não acredita às cegas no espectro. 'The spirit that I have seen/ May be the devil: and the devil hath power/ To assume a pleasing shape; yea

and perhaps/ Out of my weakness and my melancholy/ (As he is very potent with such spirits) / Abuse me to damn me. I'll have grounds/More relative than this: the play's the thing/ Wherein I'll catch the conscience of the king.'[58] Vemos aqui que a aparição enquanto tal não dispõe de Hamlet sem resistência, mas ele duvida e quer alcançar a certeza pelos próprios meios, antes de empreender a ação. (*Cursos de estética* I, pp. 237-8)

A maestria de Shakespeare reside no modo como consegue extrair um efeito dramático destes caracteres e seus dilemas interiores. A força coesa deles se concentra como um raio em um único ponto, para o

---

[58] "O espectro/ Que eu vi pode ser um diabo:/ O diabo tem o poder de se disfarçar/ Numa forma sedutora; aliás, talvez/ Em minha fraqueza e melancolia/ (Já que ele é muito forte em tais espíritos)/ Ele me engana até me arruinar. Quero a razão/ Mais segura: o teatro é a armadilha/ Para levar o rei à consciência." (ato II, cena 2). Tradução a partir da versão alemã de August Schlegel, citada pela edição Suhrkamp. Esta tradução foi comparada com a tradução brasileira de Péricles Eugênio da Silva Ramos (Rio de Janeiro: José Olímpio, 1955, p. 130). Hegel, porém, utilizava principalmente a tradução de Johann Joachim Escheburg, feita entre 1775 e 1777, que ele recebeu de presente quando era um estudante de oito anos de idade. Cf. Nicolin, F. "Welche Shakespeare-Ausgabe besass Hegel?". In *Hegel-Studien* 19, Bonn, 1984, pp. 305-11.

qual dirigem toda a força de sua individualidade. Essa atitude está inteiramente de acordo com a natureza da ação dramática que, à diferença da multiplicidade da ação épica, deve ser mais concentrada na direção de um único alvo. Por outro lado, ao assumirem desse modo todas as consequências da ação de seu caráter, estas personagens radicalizam a ideia da individualidade heroica e trágica dos antigos, tornando-se, por assim dizer, "heróis da subjetividade".[59] Nesse tipo de drama o recurso pouco dramático do deus *ex machina* tende a ser dificultado ao máximo, com o que a autonomia da individualidade pode ainda mais ser ressaltada e preservada.

b) O segundo aspecto central do drama de caráter se evidencia quando os caracteres apresentam um fechamento interior, uma plenitude e profundidade infinitas, mas não permanecem presos em si mesmos. Esse fechamento e encerramento em si mesmos não implica pobreza do caráter. Os caracteres de Shakespeare, pelo contrário, são plenos de poder e vigorosos, lapidados como pedras preciosas.

Novamente Hegel cita Hamlet neste contexto, o que indica que estes momentos do drama de caráter por vezes

---

[59] O autêntico núcleo da interpretação hegeliana de Shakespeare sempre é a ideia da individualidade subjetiva, como reconhece acertadamente Emil Wolff em "Hegel und Shakespeare", in *Vom Geist der Dichtung. Gedächtnisschrift für R. Petsch*, org. F. Martini: Hamburgo, 1949, p. 128.

se encontram numa única personagem. Hamlet apresenta momentos em que está decidido para a ação, embora também se dê a conhecer, noutro momento, em seu fechamento, por exemplo, ao arquitetar de modo solitário toda a sua vingança. Sob este prisma, sua tristeza não deve ser vista como sinal de fraqueza, embora indique a ausência de um sentimento para a vida. Diferentemente de Macbeth, Hamlet permanece na inatividade, necessita de tempo para poder agir, embora ainda assim se confunda na ação, por exemplo, ao assassinar Polônio.

Ele aguarda, procura por uma certeza objetiva na legalidade bela de seu ânimo, mas não chega a nenhuma decisão firme, mesmo depois de alcançá-la, e sim se deixa conduzir por circunstâncias exteriores. Nesta não efetividade ele também se engana quanto ao que está diante dele, em vez de matar o rei, mata o velho Polônio; age de modo apressado quando deveria ter verificado com reflexão, ao passo que permanece mergulhado em si mesmo quando necessitava da força de ação adequada, até o momento em que o destino do todo como de sua própria interioridade constantemente retraída em si mesma se desenvolveu sem sua ação neste amplo decurso de circunstâncias e contingências. (*Cursos de estética* II, p. 319)

Mas talvez o exemplo mais apropriado deste tipo de caráter seja o de Julieta, que pode ser considerada como "uma das figuras mais encantadoras da arte romântica" (*Cursos de estética* II, p. 317), pois nela vemos o fechamento progredir para uma abertura dramática. No começo da peça ela se apresenta ingênua, retraída, um ânimo encerrado em si mesmo de uma moça de quatorze ou quinze anos. Mas imprevistamente ela é atingida num ponto determinado de seu mundo interior por um sentimento determinante (o amor), desenvolve toda a sua personalidade e age decidida para resguardá-lo, a ponto de aceitar o arriscado plano de Lorenzo de beber um líquido e parecer morta (4° ato), isto é, se lança inteiramente neste sentimento, sem restrição alguma.

> De repente, vemos o desenvolvimento da energia inteira deste ânimo, da astúcia, da circunspecção, da força para sacrificar tudo, para submeter-se ao que é mais duro — de modo que o todo nos aparece como o primeiro desabrochar, de uma só vez, da rosa inteira em todas as suas pétalas e dobras — como um brotar infinito do mais interior fundamento sólido da alma, na qual antes nada tinha se distinguido, configurado, desenvolvido, mas que agora se apresenta a

partir do espírito anteriormente fechado como um produto imediato do único interesse despertado, inconsciente de si, em sua bela plenitude e violência. (*Cursos de estética* II, p. 317)

A maturidade que produz o sentimento do amor em seu caráter pode ser bem notada no momento de beber o líquido oferecido por Lorenzo, quando, apesar dos receios que lhe vem à mente quanto à possibilidade de ficar presa em um túmulo e de estar sendo enganada por ele, mesmo assim age rápida e decididamente: "Espera, Teobaldo, espera! Romeu, estou indo! Isto eu bebo à tua saúde!".[60]

Semelhante à Julieta é Cordélia, da peça *Rei Lear*, pois ela ama seu pai mais do que as irmãs, mas por causa de seu fechamento interior não o expressa levianamente como o fazem suas irmãs. Por isso, seu pai não a reconhece em sua grandeza de alma e subestima seu poder de reação:

Shakespeare nos apresenta no *Rei Lear*, por exemplo, o mal em toda a sua atrocidade. O velho Lear divide o reino entre suas filhas e é tão insensato a ponto de confiar nas

---

[60]Fim da cena III, 4.º ato, de *Romeu e Julieta*, trad. de Beatriz Viégas-Faria. Porto Alegre: L&PM, 1998).

palavras falsas e aduladoras delas e igno-
rar a muda e fiel Cordélia. Tal coisa já é
por si insensata e demente, e assim a mais
ignominiosa ingratidão e indignidade das
filhas mais velhas e de seus maridos o levam à loucura efetiva. (*Cursos de estética* I,
p. 228)

c) Um terceiro aspecto do drama de caráter surge quando
enfim se coloca a questão do confronto destes caracteres
com a realidade que os cerca. Neste momento vem de
fato à luz o traço contingente tanto dos caracteres agentes como da efetividade na qual agem, pois na verdade
não há nenhum interesse ético pelo qual combatem ou
lutam, uma vez que o aspecto limitado de sua subjetividade é apenas um destino individual, um enredamento
de sua própria determinidade com algo de interior mais
profundo (*Cursos de estética* II, p. 321). Em suma, neste
terceiro momento se mostram plenamente dois fulcros
centrais que permeiam desde o início o drama de caráter:
por um lado fica claro que a própria individualidade
é em última instância a origem da ação; por outro
lado, confrontada com a realidade, esta individualidade
revela sua contingência e de seu mundo muito particular.

Se nos voltarmos agora para a pintura holandesa do século XVII, vemos que a proposta de figuração não opera
mais com a mimese, e sim com a aparência [*Schein*]

como reflexo do interior no exterior. Pintores como Rembrandt (cf. *A ronda noturna*, de 1642), Ostade, Vermeer e Steen pintaram quadros de cenas normais do cotidiano, com pessoas simples em primeiro plano. Ostade pintou entre 1630 e 1660 cenas de interior doméstico, de gente fumando e bebendo ou fazendo música em tabernas, de músicos de aldeia, de extração de dentes, de brigas e festas em tabernas, a vendedora de peixes (tela de 1632), o apontador de pena, de festas no campo etc. A mesma temática surge nos quadros de Steen em torno de 1660.

A matéria não interessa a esses pintores, mas o modo como ela é apresentada pela arte de pintar, exercida por meio da cor que se reflete na exterioridade. A cor é de tal modo acentuada e aprimorada que parece muitas vezes se diluir e evaporar. Pode-se dizer que esses pintores se instalam na prosa da vida, no sentido de que a efetividade real em sua objetividade prosaica tornou-se um assunto próprio: "o conteúdo da vida comum cotidiana, que não é apreendida em sua substância na qual contém algo de ético e de divino, mas na sua mutabilidade e transitoriedade finita" (*Cursos de estética* II, p. 330).

Essa atitude artística é acompanhada por elementos sociais, políticos, culturais e religiosos. No campo religioso, os holandeses assumem o princípio do protestantismo, que consiste em se entregar aos detalhes do cotidiano e não insistir no terreno de uma religiosidade afastada da existência, que era ainda predominante no catolicismo. Os holandeses experimentam também uma liberdade burguesa que se traduz em tolerância artística diante dos temas, tanto nos assuntos configurados, no gozo da existência, como no modo despreocupado e leve de pintar. O orgulho da vida burguesa e da existência diária conquista uma liberdade própria. É a prosa da vida ou do mundo que triunfa sobre os temas elevados e restritos da religião. Isso não significa, entretanto, que esse novo conteúdo seja "oposto" à religião, pois ele é antes uma decorrência da própria transformação do catolicismo em protestantismo.

É isso que leva à predileção pela cor, como material objetivo essencialmente subjetivo, e à emancipação do meio artístico:

> É primeiramente mediante a utilização das cores que a pintura leva a plenitude da alma à sua autêntica aparição viva. Mas nem todas as escolas de pintura tinham a arte do colorido num mesmo nível, aliás, trata-se de um fenômeno peculiar o fato de quase somente os venezianos, e principalmente os holandeses, terem sido os mestres completos na cor: ambos próximos ao mar, numa terra baixa, cortada por pântanos, águas e canais. (*Cursos de estética* III, p. 232)

Por terem tido diante de si um horizonte sempre brumoso, a constante representação do fundo cinzento, os holandeses, segundo Hegel, foram por isso tanto mais "levados a estudar o elemento da cor em todos os seus efeitos e variedades de iluminação, reflexos, brilhos de luz etc., de salientá-lo e encontrar nisso justamente uma tarefa central para a sua arte" (*Cursos de estética* III, p. 232).

A pintura italiana renascentista era por essência elevada e religiosa e dava ênfase ao belo contorno do desenho e pouco se dedicava à cor, a não ser no círculo veneziano, dado que o tema religioso era o que tinha de ser figurado. Já a pintura holandesa — não tão preocupada com a narração, mas mais com a descrição (conforme nota Svetlana Alpers[61]) — se dedicou a temas insignificantes da vida cotidiana, os quais justamente por causa desta contingência permitem maior espaço aos devaneios subjetivos da fantasia colorista do pintor. As expressões fugidias ganham agora um estatuto de permanência.

É somente o círculo protestante, segundo Hegel, que se abre para o cotidiano e penetra na estrutura do mundo, que permite um terreno adequado para a arte do colorido. Isso não significa que a pintura holandesa, como habitualmente se pensa, glorifique o cotidiano e se prenda ao mero cotidiano. Pelo contrário, "a arte consolida em

---

[61]ALPERS, S. *A arte de descrever: a arte holandesa do século* XVII, trad. Antônio de Pádua Danesi. São Paulo: Edusp, 1999.

duração o que na natureza é passageiro", de modo a realizar "o milagre da idealidade" (*Cursos de estética* I, p. 175).

O belo, o feio
e o despontar da subjetividade

Em todos esses desdobramentos vê-se que o verdadeiro centro articulador da arte moderna e, portanto, núcleo irradiador do fim da arte, é o princípio da subjetividade na arte, que tudo atrai para si e imprime por todos os lados a sua marca. O tratamento subjetivo se coloca aos poucos no lugar da obra, sendo a subjetividade do artista ou das personagens a própria obra. Com a decomposição da arte romântica, que para Hegel é arte da era cristã, a subjetividade se "eleva como mestre da efetividade inteira e não deixa nada em sua conexão usual e na validade que possui para a consciência comum" (*Cursos de estética* II, p. 330).

No plano da reflexão filosófica e estética, o resultado da proeminência da subjetividade corresponde ao destino último de uma série de esforços de teorização da estética do século XVIII, sistematizados na terceira crítica de Kant. Os princípios kantianos em torno do juízo de gosto e do gênio, a saber, da finalidade sem fim, do interesse sem interesse e de uma conceitualidade sem conceito, já apontam para essa tendência rumo a uma afirmação irrestrita da subjetividade.

A contrapartida dessa tendência será, porém, o esvaziamento da instância do objeto ou do conteúdo da arte. Contra isso, Hegel estará empenhado em situar a subjetividade não como um fenômeno meramente vazio, mas como marca de toda a época moderna e que surgiu na história como decantação da religião. Ao contrário de Kant, não se trata de considerar a subjetividade em uma perspectiva apenas transcendental. Como já insistia o jovem Hegel, Kant ressaltou o elemento especulativo presente no "eu penso", mas seu tratamento foi somente formal. No terreno da subjetividade se dará também o confronto de Hegel com o romantismo, com os contos fantásticos de Hoffmann, que apostam numa saída pela via da imaginação e caem na má infinitude, desconsiderando toda e qualquer possibilidade de ação concreta.[62]

Há, portanto, duas acepções de subjetividade com as quais opera Hegel nos *Cursos de estética*. Uma é tomada em sentido restrito como manifestação particular do

---

[62] Hegel situa o romantismo em várias passagens dos *Cursos de estética*, mas principalmente na resenha que fez das obras de Solger: HEGEL, G. W. F. "Solgers nachgelassene Schriften und Briefwechsel". In *Berliner Schriften. 1818-1831, Werke* 11, op. cit., 1986.

ponto de vista do sujeito, em oposição a uma objetividade. Essa subjetividade via de regra afirma a perspectiva de uma imaginação ilimitada ou se refugia no terreno da ironia. Falta-lhe a consciência de que o sujeito é apenas um momento de um transcurso maior. A outra acepção de subjetividade é acolhida de modo positivo por Hegel, pois se trata da manifestação inequívoca de uma tendência de todo o mundo cristão: trata-se do princípio da subjetividade livre. A diferença dessa subjetividade "infinita" diante da outra "finita" é que ela resulta de um processo histórico e objetivo, possui um conteúdo nela mesma e, portanto, uma legitimação própria.[63]

O comentador Willi Oelmüller condensa essas duas acepções de subjetividade ao dizer que há para Hegel "uma boa e uma má subjetividade",[64] isto é, uma subjetividade advinda do Cristianismo e outra do romantismo. A despeito de um certo reducionismo e simplificação do problema, percebe-se nessa interpretação que a noção de subjetividade desempenha um papel central na questão do fim da arte, pois é no Cristianismo que o elemento humano se tornou subjetividade real, de modo que "agora

---

[63]Explorei essa diferença no modo como Hegel situa a atitude poética e subjetiva de Goethe, no ensaio "Subjetividade artística em Goethe e Hegel", in *Arte e filosofia no idealismo alemão*. São Paulo: Barcarolla, 2009, pp. 175-90.

[64]"Hegels Satz vom Ende der Kunst und das Problem der Philosophie der Kunst nach Hegel", op. cit., p. 83.

é o homem e não mais o cosmos o lugar no qual Deus pode ser reconhecido em sua verdade".[65]

Três experiências históricas teriam sido decisivas para Hegel, na leitura de Oelmüller: 1. o desenvolvimento da moderna sociedade burguesa que impossibilita a representação da totalidade do mundo pela arte; 2. a impossibilidade que a arte e a estética da época de Hegel testemunhou, em diversas tentativas de formulações, para combater tal situação e, 3. que seria o mais importante, a transformação que o Cristianismo operou no mundo. O elemento religioso seria mais decisivo que o político para a eclosão da subjetividade:

> Essa transformação histórica do mundo por meio do Cristianismo antecede e fundamenta, para Hegel, em termos concretos, a transformação do mundo por meio da sociedade moderna e por meio do Estado moderno e ela não pode, pelo menos para Hegel, ser suprimida nem ultrapassada e muito menos neutralizada.[66]

O princípio da subjetividade, já no início da era cristã, implica também o fim da época do belo, do conceito de beleza: "Algo de mais belo não pode haver e não haverá mais", diz Hegel no início da seção "Forma

---

[65]Idem, p. 83.
[66]Idem, p. 82.

de arte romântica" (*Cursos de estética* II, p. 251). O conceito de arte bela representa a "grande arte do passado",[67] em contraste com a arte mais restrita e menor dos tempos modernos. Com o fim do período da arte bela surge também a possibilidade de uma arte do feio, embora o feio em Hegel indique apenas uma tendência do Cristianismo, uma vez que o feio em si não é o objetivo principal da arte cristã. O feio é antes a expressão daquele elemento negativo a ser combatido pelo Cristianismo, como o "outro" lado da interioridade. Hegel também emprega a expressão "não belo" [*Unschöne*], já que o não belo não é o feio, mas justamente o que não é mais o belo e ainda resguarda uma referência e dependência histórica ao paradigma da beleza.

O tema do feio, que cada vez mais alcança espaço no século XIX, foi abordado pelo aluno e biógrafo de Hegel Karl Rosenkranz em sua *Estética do feio* [*Ästhetik des Hässlichen*], de 1853. A epígrafe desse livro cita alguns versos de Goethe:

Deixe-me lhe dar um conselho,
Não ame demais o sol e as estrelas,
Siga-me para o fundo do reino escuro![68]

---

[67]Cf. GADAMER, H. G. *A atualidade do belo*, op. cit., p. 20.

[68]ROSENKRANZ, Karl. *Ästhetik des Hässlichen*. Stuttgart: Reclam, 2007, p. 11. Os versos são de uma fala de Orestes para Ifigênia, do terceiro ato da peça *Ifigênia em Táurida*, de 1787, obra poética

A abordagem de Rosenkranz pensa a categoria do feio numa dependência à categoria do belo e como transição para o cômico. Essa perspectiva teria sido afirmada pela primeira vez no ambiente alemão por Lessing, ao tratar do feio e do repulsivo nos capítulos 23 a 35 de seu *Laocoonte ou os limites da poesia e da pintura*.[69] Seguindo essa direção de Lessing, na "Introdução" ao seu tratado, Rosenkranz situa a posição intermediária do feio entre o belo e o cômico:

> No início, o belo é um dos limites do feio e no fim o outro limite é o cômico. O belo exclui de si o feio, ao contrário, o cômico fraterniza com o feio, mas ao mesmo tempo retira dele o que é repulsivo e, diante do belo, deixa reconhecer sua relatividade e nulidade. Uma investigação do conceito do feio, uma estética do mesmo encontra, assim, seu caminho claramente delineado. Ela deve começar recordando o conceito do belo, mas não para apresentá-lo segundo toda a plenitude de sua essência, desde uma metafísica do belo, mas apenas até onde é preciso indicar as determinações fundamentais do belo, a partir de cuja negação

---

que Hegel considera exemplar pela forma como Goethe consegue transportar um tema antigo para o plano da subjetividade moderna.

[69]Idem, p. 404.

se gera o feio. Mas essa investigação deve terminar com uma transfiguração que o feio experimenta ao se tornar um meio da comicidade.[70]

Sob certo aspecto, Rosenkranz reflete a posição hegeliana de que o humor é uma categoria mais forte a suplantar a estética da beleza e inclusive do feio nos tempos modernos. Por isso, ainda não encontramos em Rosenkranz uma abordagem do feio como tal ou de algo que fosse radicalmente diferente do paradigma da beleza. Alguns anos depois, no século XIX, veremos se insinuar essa perspectiva na França, com Baudelaire, que abrirá de fato uma nova etapa da modernidade, no sentido de uma positivação do paradigma do feio, no horizonte de uma tensão entre o efêmero e o eterno.[71]

Nessa mesma direção do não belo, poder-se-ia perguntar: e a temática do sublime não ganha também relevância na época do fim da arte? Hegel responderá que não, pois o sublime reforça justamente a perspectiva de uma subjetividade que não se sabe limitada por nenhum tipo de restrição. Dito de outra forma, o sublime se manifesta sempre naqueles momentos em que a subjetividade desconhece sua gênese e limites e apela

---

[70] Idem, p. 17.

[71] Cf. o capítulo sobre Baudelaire escrito por Hugo Friedrich. *Estrutura da lírica moderna*, trad. Marise M. Curioni e Dora F. da Silva. Rio de Janeiro: Duas Cidades, 1978.

então a algo inexplicável ou meramente "infinito", a uma "quebra" da experiência estética que, no fundo, recai numa ausência de sentido.

Hegel certamente não desconhece o crescente domínio que a estética do sublime estava alcançando em sua época, principalmente nas artes plásticas e na literatura, por exemplo, nos contos de Hoffmann. Entretanto, esse fato revela aos seus olhos muito mais um sintoma de desorientação geral da sociedade burguesa, que passa a confundir o real com o ilusório e se entrega a um processo de fruição apenas passageiro da arte. Os contos de Hoffmann claramente se dirigem a um público ávido por novidades e sequioso pela experiência de elementos como o fantástico, o grotesco e o misterioso, que pudessem ser capazes de combater o tédio da vida real. Contra isso, Hegel insiste sempre no aspecto da perspectiva histórica mais ampla da arte, de modo que a questão do sublime lhe parece antes o signo de uma decadência da subjetividade, a qual, uma vez tendo alcançado uma autonomia, se depara com a vacuidade de seu puro reflexo.

Não se trata de negar as possibilidades expressivas inerentes ao sublime, mas de evitar que essa categoria se torne o centro de uma obra de arte, pois então a arte recai numa expressividade puramente negativa e vazia. Uma obra de arte verdadeira não pode depender em seu núcleo interior de um único expediente expressivo que, além do mais, possui pouca densidade de conteúdo. A insistência em elementos de impacto e mesmo o apelo à instância do desprazer só pode ter um sentido se estiver submetida a um conteúdo que transcende o plano meramente sentimental.

Em suma, o surgimento da subjetividade abre espaço para que a arte ingresse num campo delicado, onde facilmente se perdem as referências de sentido e se multiplicam as perspectivas enviesadas de "fuga". Hegel percebeu esse fato, motivo pelo qual limitou-se a indicações bastante gerais e provisórias acerca das possibilidades da subjetividade na arte de sua época. Para Hegel, era inevitável que a arte entrasse num momento histórico novo, no qual todas as categorias estéticas se tornariam flexíveis. Mas por trás dessas transformações haveria de se manter firme o próprio sentido último da arte, o de ser algo feito pelo homem e para o homem, como expressão de sua liberdade e autoconhecimento.

Conclusão

Diante desses elementos reflexivos que surgem na arte, eu gostaria de tocar, como conclusão, num ponto de difícil resolução em Hegel e que ainda ronda toda a arte depois das vanguardas do século XX. Pergunto-me se na época de Hegel o fim da arte é também o fim da estética e de uma poética ou se, ao contrário, é aquilo que pela primeira vez propicia o nascimento da estética, o início propriamente dito da estética filosófica no século XIX e de uma atitude essencialmente reflexiva diante da arte. A pergunta é: a ciência da arte se coloca num primeiro plano diante da própria arte ou a arte ela mesma incorpora a ciência, a filosofia, e dispensa a filosofia como disciplina autônoma ou a deixa à sua sorte, provocando assim o fim da estética como disciplina filosófica? O fim da arte permite a estética ou impede a estética, independente de que tipo de estética se trate, de uma estética "artística" ou de uma estética "filosófica"? Esse tópico também é debatido de vários modos entre os comentadores, desde seu surgimento na própria obra de Hegel, pois a filosofia teria, por assim dizer, "sepultado" a arte, bem como no âmbito dos desdobramentos posteriores da teoria, para além de Hegel.

Tomo como referência as indagações de Arthur Danto, para quem as manifestações artísticas das "caixas de Brillo", de Andy Warhol, em 1964, colocaram pela primeira vez de modo genuíno a pergunta filosófica sobre o estatuto da arte. Ou seja, assumiram elas mesmas a reflexão em seu seio.[72] Com isso, a arte não teria acabado, e sim entrado numa fase pós-histórica e pós-filosófica.

Sobre isso, Hegel diz: "A *ciência* da arte é, pois, em nossa época muito mais necessária do que em épocas na qual a arte por si só, enquanto arte, proporcionava plena satisfação. A arte nos convida a contemplá-la por meio do pensamento" (*Cursos de estética* I, p. 35). Penetrada pela consciência histórica e impregnada de reflexão enquanto uma determinação cultural da época moderna, a arte não pode mais ser apreciada e pensada de modo imediato. A reflexão é um elemento indispensável da fruição

---

[72] Segundo Javier Domingues, "a consideração hegeliana segundo a qual as barreiras entre a arte e a filosofia não são as barreiras da reflexão, foi um dos pilares da própria filosofia da arte de Danto". ("Posiciones filosóficas de Hegel y Danto sobre 'el fim del arte'". In HERNÁNDEZ, J. D. *Cultura del juicio y experiencia del arte. Ensayos*, op. cit., p. 225).

e a estética alcança um espaço central, por vezes inclusive prejudicial. Esse excesso de reflexão, porém, se de um lado parece danoso e empobrecedor da experiência estética, já que a substituiria e se colocaria no lugar da própria obra, por outro lado enriquece a experiência artística e permite ultrapassar a separação entre produção e reflexão no campo da arte. E o tempo veio a confirmar essa tendência, principalmente a partir das vanguardas, junto às quais o fazer artístico assume a reflexão como ingrediente essencial, como princípio interno.

Se a arte se une à reflexão no diagnóstico hegeliano, parece-me equivocada a leitura que Hans Belting realiza do lugar da estética de Hegel naquilo que ele chama de velha historiografia da arte, que se teria iniciado com Vasari, alcançado desdobramentos decisivos com Winckelmann e se consolidado com Hegel. Segundo Belting, a estética de Hegel teria superestimado o papel da filosofia ou do historiador universal em detrimento de uma estética do artista ou de qualquer crítica de arte.[73] Hegel pode "julgar de fora da história e sobre a história"[74] porque se beneficia do surgimento da cultura burguesa, quando o artista "estava referido a si mesmo e a arte era exposta apenas ainda em museu".[75] Dessa forma, além de exprimir e legitimar uma separação entre o ponto de vista teórico e a prática artística ou uma possível teoria

---

[73]BELTING, Hans. *O fim da história da arte*, op. cit., 2006, p. 190.
[74]Idem, p. 192.
[75]Ibidem.

oriunda dessa prática e, assim, inaugurar a época das grandes narrativas da história da arte, Hegel ainda seria responsável por ter criado "uma justificação decididamente metafísica para o museu recém-surgido".[76] Com isso, a arte sai de uma relação viva e se torna algo do passado.

O equívoco dessa apreciação de Belting reside em desconsiderar o que procurei ressaltar ao longo desse livro: 1. em primeiro lugar, Belting parte de uma falsa separação entre reflexão e arte na estética de Hegel. Certamente Hegel distingue filosofia e arte, de modo que cada uma possui seu lugar próprio, mas isso não o impede de considerar que a reflexão penetra cada vez mais na arte, inclusive beneficiando-a; 2. Belting desconsidera o esforço de Hegel em apreciar possibilidades artísticas de seu tempo e em sustentar que a arte não pode de modo algum perder o vínculo vivo com seu público. Em suma, antes de separar a reflexão da prática artística, Hegel se coloca justamente o desafio de compreender um tipo de arte impregnada pela reflexão. Obviamente não se trata para Hegel de defender uma estética do gênio ou do artista que meramente "opina" sobre sua obra. Parece ser essa a reivindicação fundamental de Belting contra a visão histórica de Hegel.

É preciso também ressaltar um movimento de pensamento em Hegel que parece escapar a Belting e, em

---

[76] Idem, p. 193.

certo sentido também a Arthur Danto, quando ambos se referem à possível presença da arte num contexto destituído de história.[77] Pois, a possibilidade de a arte se "eximir" da história ou de ultrapassá-la, como procurei indicar ao longo deste livro, decorre de um movimento ele mesmo histórico. Portanto, a pós-história ou a pré-história ou mesmo a possibilidade de o artista e suas técnicas e criatividade ser levado em conta, para além da história, constitui ainda um pensamento que apenas se torna possível no horizonte de uma certa figuração da história.

Se, de um lado, a tarefa do artista se torna mais difícil e complexa, pois agora ele terá de lidar com temas e anseios ao mesmo tempo do presente e do passado e dar conta de um público reflexionante, ou seja, sua representação deverá ser mais ampliada e não somente um mero reflexo do real presente, por outro lado, porém, pode-se dizer que a configuração se torna igualmente mais livre. O artista da época moderna não está preso a um paradigma temporal restrito, datado. Ele dispõe de

---

[77]Rodrigo Duarte assinala que Belting, num artigo sobre a imagem antes do período da arte, considera que antes de 1400 não havia arte no sentido estrito do termo e que Danto "chama a atenção para a simetria com relação à sua tese proposta: assim como se fazia 'arte' antes da arte, pode-se afirmar a possibilidade de fazer 'arte' depois da arte". (DUARTE, Rodrigo. "O tema do fim da arte na estética contemporânea", in *Arte no pensamento contemporâneo*, op. cit., p. 407).

inúmeras possibilidades figurativas e formais. A arte ingressa numa intersubjetividade reflexiva, acolhe formas de outras épocas e as reformula em vista do presente. O presente terá privilégio tanto para o artista quanto para o público, só que esse presente encontra-se agora ampliado. Da parte do público assume-se também uma nova postura: rompem-se padrões estritos e localistas de apreciação artística e a figuração se torna relativa.

Do ponto de vista histórico e da consciência coletiva, certamente o fim da arte significou mais uma "perda" do que um "ganho", caso seja apropriado empregar esses termos. Não é à toa que o próprio diagnóstico hegeliano se move em um campo recheado de interdições: o fim da arte se revela sobretudo como um conjunto de afirmações sobre como a arte não pode mais ser feita. Algumas poucas indicações, muitas delas sumárias e até mesmo indeterminadas, se referem ao modo como a arte ainda poderá ser feita e ocorrer. Essa sensação de perda se apresenta também na contraposição entre a época prosaica e a época heroica, explorada por Hegel na primeira parte dos *Cursos de estética* como os dois estados de mundo fundamentais da arte na história. Diante do mundo livre, feliz e harmonioso do heroísmo antigo, sem dúvida o mundo moderno prosaico é estreito, limitado e sufocante.

Tudo isso, no entanto, depende do ponto de vista segundo o qual se examina o movimento dialético. A perda será um fato se pensarmos que a arte deixou de ser a intérprete exclusiva do mundo, tal como era no mundo grego, deixou de exprimir a reconciliação do universal e do particular, a harmonia, o absoluto. Por outro lado, pode-se dizer que na época moderna passa-se a ter uma relação mais livre, em termos subjetivos e espirituais, com a arte. Nasce uma estética inerente à arte, aquilo que o Romantismo designou como sendo a crítica de arte que habita em toda obra, e o homem assume o ponto de vista da reflexão na própria arte, de modo que o fim será um novo começo ou um outro começo.

Documentos

Alguns trechos dos
Cursos de estética (1820-30)
sobre o fim da arte

"INTRODUÇÃO" E INÍCIO DA PRIMEIRA PARTE
(RELATIVO À POSIÇÃO DA ARTE DIANTE DA
EFETIVIDADE FINITA, DA FILOSOFIA E DA
RELIGIÃO)

A arte [...] não é [...] o modo mais alto e absoluto de tornar conscientes os verdadeiros interesses do espírito. Pois justamente sua forma já a restringe a um determinado conteúdo. Somente um certo círculo e estágio da verdade pode ser exposto no elemento da obra de arte [...]. O caráter peculiar da produção artística e de suas obras já não satisfaz nossa mais alta necessidade. Ultrapassamos o estágio no qual se podia venerar e adorar obras de arte como divinas [...]. O pensamento e a reflexão sobrepujaram a bela arte. (I, p. 34)

A arte não mais proporciona aquela satisfação das necessidades espirituais que épocas e povos do passado nela procuravam e só nela encontraram; uma satisfação que se mostrava intimamente associada à arte, pelo menos no tocante à religião [...] o estado de coisas de nossa época não é favorável à arte [...]; a arte é e permanecerá para nós, do ponto de vista de sua destinação suprema, algo do passado. Com isso, ela também perdeu para nós a autêntica verdade e vitalidade e está relegada à nossa representação, o que torna impossível que ela afirme sua antiga necessidade na realidade efetiva e que ocupe seu lugar superior [...]. A ciência da arte é, pois, em nossa época muito mais necessária do que em épocas na qual a arte por si só, enquanto arte, proporcionava plena satisfação. A arte nos convida a contemplá-la por meio do pensamento. (I, p. 35)

Pois a arte ainda tem em si mesma um limite e, por isso, transforma-se em formas mais altas da consciência. Esta limitação também determina, pois, a posição que agora em nossa vida atual estamos acostumados a atribuir à arte. Para nós a arte não vale mais como o modo mais alto segundo o qual a verdade proporciona existência para si. No conjunto, já desde muito cedo o pensamento se voltou contra a arte como representação sensibilizante do divino; por exemplo, junto aos judeus e maometanos, inclusive junto aos gregos, no caso de Platão que já se opôs com veemência aos deuses de Homero e Hesíodo. No progresso da formação cultural surge em geral em cada povo uma época em que a arte aponta para além de si mesma. Assim, por exemplo, os elementos históricos do cristianismo, a aparição de Cristo, sua vida e morte deram oportunidade variada para se formar a arte, nomeadamente como pintura, e a própria igreja criou e deixou estar a arte; mas quando o impulso do saber e da pesquisa e a necessidade da espiritualidade interior levaram à Reforma, a representação religiosa também foi chamada para fora do elemento sensível e reconduzida para a interioridade do ânimo e do pensamento. Deste modo, a marca dos tempos posteriores ao domínio das grandes configurações artísticas objetivas, legadas pelo passado, consiste no fato de agora habitar no espírito a necessidade de uma satisfação apenas interior. A verdadeira forma da verdade passa exclusivamente pelo modo como a subjetividade se satisfaz consigo mesma, com seus planos e aspirações que brotam puramente da intimidade. Em seus inícios, a arte ainda retém algo de misterioso, um pressentir misterioso e uma nostalgia, porque suas configurações ainda não deram inteiramente relevo, para a intuição imagética, ao seu conteúdo [*Gehalt*] pleno. Mas se o conteúdo [*Inhalt*] completo se apresentou em configurações artísticas, o espírito que continua olhando para frente volta-se desta objetividade para seu interior e a afasta de si. Tal época é a nossa. Podemos bem ter a esperança de que a arte vá sempre progredir mais e se consumar, mas sua forma deixou de ser a mais alta necessidade do espírito. Por mais que queiramos achar excelentes as imagens gregas de deuses e ver Deus Pai, Cristo e Maria expostos digna e perfeitamente — isso de nada adianta, pois certamente não iremos mais inclinar nossos joelhos. (I, pp. 117-8)

Seção sobre a forma de arte romântica

A arte clássica foi a exposição do ideal, mais adequada ao conceito, a completude do reino da beleza. Algo de mais belo não pode haver e não haverá mais. (II, p. 251)

O ânimo em si mesmo firmemente fechado [...] interessa-lhe menos realizar uma obra em si mesma fundamentada e que perdura por meio de si mesma, mas antes em geral apenas se fazer valer a si mesmo e realizar atos. (II, p. 322) A cavalaria [...] se torna diretamente uma contingência, na qual, ao invés de ser realizada uma obra universal, apenas têm de ser realizados fins particulares, e onde faltam conexões em si e para si existentes. (II, p. 326) Pintura holandesa: Coloca-se, portanto, a questão de saber se tais produções podem em geral ainda ser denominadas de obras de arte [...] se [...] tivermos em vista o conceito das autênticas obras de arte no sentido do ideal [...]. Em contrapartida, a arte ainda possui um outro momento que particularmente aqui torna-se de importância essencial: a apreensão e execução subjetiva da obra de arte, o aspecto do talento individual. (II, p. 331) [...] é a pura subjetividade do artista mesmo que tenciona mostrar-se, e para ele não se trata da configuração de uma obra por si mesma acabada e que repousa sobre si mesma, e sim de uma produção na qual o sujeito produtor apenas se dá a conhecer a si mesmo. (II, p. 335)

Para o artista dos dias de hoje o estar preso a um conteúdo particular e a uma espécie de exposição apropriada apenas a essa matéria é algo do passado e, desse modo, a arte tornou-se um instrumento livre que ele pode manusear uniformemente, conforme sua habilidade subjetiva em relação a cada conteúdo, seja de que espécie ele for. O artista se encontra, por isso, acima das formas e das configurações determinadas, consagradas, e se move livremente por si, independente do conteúdo e do modo da intuição, nos quais anteriormente a consciência tinha diante de seus olhos o sagrado e o eterno. (II, p. 340)

Neste ultrapassar da arte sobre si mesma, todavia, ela é igualmente um recuar do ser humano em si mesmo, uma descida em seu próprio peito, pelo que a arte se despe de toda limitação firme em um círculo determinado do conteúdo e da apreensão, faz do *humanus* seu novo santo: das profundidades e alturas do humano enquanto tal, do humano universal em sua alegria e dor, em suas aspirações, atos e destinos. Com isso, o artista obtém seu conteúdo nele mesmo e é o espírito humano que efetivamente determina a si mesmo, que considera, engendra e expressa a infinitude de seus sentimentos e situações, para o qual nada mais do que pode ser vivo no peito humano é estranho. (II, p. 342)

Elêusis (1796)

Para Hölderlin (agosto de 1796)[78]

Em torno de mim, dentro de mim habita a calma, –
    dorme a preocupação
Incansável dos homens ocupados, eles me dão liberdade
E ócio – Agradeço-lhe, ó noite, libertadora! Cobre a lua,
Com uma cortina branca de neblina
Os limites incertos dos montes distantes. Brilha
    amavelmente
A franja clara do lago e o barulho entediante do dia é
    apenas uma lembrança

---

[78] "Eleusis". In *Werke* 1, pp. 230-3. Elêusis é o nome de uma cidade grega onde ocorriam as festas em homenagem à deusa da agricultura Deméter. Os chamados Mistérios de Elêusis eram um ritual religioso, uma cerimônia de iniciação desenvolvida por vários dias e que acontecia em meados de setembro, no fim do verão e no início do outono, entre os séculos 6 a.C. e 4 d.C.

Distante, como se houvesse anos entre ele e agora.
Sua imagem, querido, surge diante de mim
E o prazer dos dias passados.[79] Mas, logo ela deixa
    lugar às
Doces esperanças de reencontro,
E agora se me apresenta a cena de um abraço ansiado,
    fogoso;
E a seguir a cena das perguntas, da investigação secreta
    e recíproca,
O que o tempo mudou na postura, na expressão e no
    modo de
Ser do amigo – e o encanto da certeza de ver que a
    fidelidade da
Velha aliança está mais firme, mais madura,
Da aliança que nenhum juramento selou,
De viver apenas para a verdade e de nunca, nunca
    aceitar a paz
Por meio de um estatuto que regule a opinião e o
    sentimento.

---

[79]Toda essa primeira estrofe alude à situação de vida de Hegel naquele momento, quando se encontrava como preceptor na Suíça. Hölderlin, também como preceptor, estava em Frankfurt. A referência à "velha aliança" provavelmente refere-se ao período do seminário teológico de Tübingen, entre 1788 e 1792, quando os três amigos, Hegel, Hölderlin e Schelling, fizeram um pacto em defesa da liberdade, como homenagem aos eventos da Revolução Francesa.

Agora compactua com a realidade inerte o desejo que
    levemente
A você me leva por montanhas e rios, —
Mas logo um suspiro anuncia sua discórdia e com ele
Desaparece o sonho de doces fantasias.
Meu olhar se eleva para a abóbada do céu eterno,
Para você, ó constelação radiante da noite!
E todos os desejos, todas as esperanças
Esquecidas fluem descendo de sua eternidade;
(O sentido se perde na visão,
Dissolve-se o que designei como sendo meu,
Entrego-me ao incomensurável,
Estou nele, sou tudo, sou apenas ele,
Assusta o pensamento que retorna,
Ele se horroriza diante do infinito e, pasmo,
Não consegue apreender essa profundidade da visão.
A fantasia aproxima o eterno dos sentidos
Casando-o com a figura)[80] — Sejam bem-vindos, ó
Espíritos elevados, altas sombras
De cujas estrelas irradia a completude!
Não me assusta, — eu sinto que é também o éter de
    minha pátria,
A seriedade, o brilho que as banha.
Que se abram por si mesmas agora as portas de seu
    santuário,
Ó Ceres, que reinaste em Elêusis!

---

[80] Os versos entre parênteses estão riscados no manuscrito.

Tomado de entusiasmo eu sentiria então
A visão de sua proximidade,
Compreenderia suas revelações,
Interpretaria as imagens de sentido elevado,
Captaria os hinos nos banquetes dos deuses,
As elevadas sentenças de seu conselho.
Mas, seus estrondos estão emudecidos, ó deusa!
O círculo dos deuses fugiu de volta para o Olimpo
Desde os altares consagrados,
Fugiu do sepulcro profanado da humanidade,
Do gênio da inocência, que aqui os encantava! —
A sabedoria de seus sacerdotes calou; nenhum som
De seus ritos sagrados salvou-se para nós — em vão
Procura o investigador, mais por curiosidade do que por
    amor,
A sabedoria (os que buscam a possuem e desprezam a
    você) —
Para dominá-la escavam por palavras,
Onde seu sentido elevado estaria impresso!
Em vão! Apenas apanham pó e cinzas,
Onde a sua vida eternamente não lhes retornará.
Mas, entre o mofo e o inanimado também se contentam
Os eternos mortos! — os modestos — em vão —
Não permaneceu nenhum sinal de sua festa, nenhum
    rastro de imagem.
Ao filho era por demais sagrada a plenitude das elevadas
Doutrinas dos rituais e a profundidade do sentimento
    inexpressável,

Para que pudesse louvar sinais secos da mesma.
Já o pensamento a alma não apreende, pois ela está
Fora do tempo e do espaço imersa no pressentimento do
    infinito
E se esquece e acorda novamente para a consciência.
Quem disso gostaria de falar para os outros,
Teria de falar com a língua dos anjos e sentiria a
    escassez das palavras.
Ele se horroriza de pensar o sagrado tão pequeno,
De tê-lo tornado tão pequeno pelas palavras, que o
    discurso lhe parece pecado
E ele vivamente fecha por si mesmo a sua boca.
O que o iniciado assim se proíbe a si mesmo, proibiu
    uma
Sábia lei aos espíritos pobres, de não dar a conhecer o
    que ele
Viu, ouviu, sentiu na noite sagrada: para que não
    incomode também
Aos melhores, em seu culto, o ruído do que deles é
    despropositado,
Que seu palavreado oco não os irrite a eles mesmos
    diante do sagrado.
Que este não seja pisoteado em imundícia,
E que tampouco se o confie à memória, –
Para que não se torne brinquedo e mercadoria de sofista,
Vendida igual a óbolo,
Nem se torne o manto do hipócrita farsante

Nem a vara do menino alegre e, ao fim, se torne tão
    vazio
Que apenas na ressonância teria raízes de línguas
    estranhas de sua vida.
Seus filhos não carregaram avarentos, ó deusa, sua
    honra
Pelos becos e pelo mercado, antes a guardaram
No santuário interior do peito.
Por isso você não viveu em sua boca.
Sua vida lhe honrou. Em seus feitos você ainda vive.
Também nessa noite eu a apreendi, ó divindade sagrada,
A vida de seus filhos você também muitas vezes me
    revelou,
Eu lhe pressinto muitas vezes como a alma de seus
    feitos!
Você é o sentido elevado, a crença fiel,
Que, sendo uma divindade, mesmo que tudo sucumba,
    não desmorona.

Sobre a peça *Wallenstein,* de Schiller (1800–01)

A impressão imediata após a leitura de *Wallenstein*[81] é de um silêncio triste sobre a situação de um homem po-

---

[81] "Über Wallenstein". In *Werke* 1, pp. 619-20. *Wallenstein* é um poema dramático de Schiller, com um prólogo e duas partes, encenado pela primeira vez em outubro de 1799 no teatro de Weimar. O prólogo que inicia a trilogia se passa no acampamento de Wallenstein, o mais popular e maior general da Guerra dos Trinta Anos, diante da cidade de Pilsen, na Boêmia. Inicialmente Schiller apresenta a situação do grande conflito da peça, que será o afastamento do influente general Wallenstein (a quem as tropas de vários países exprimem lealdade) do imperador que se encontra na corte de Viena e quer a divisão do exército, justamente para não aumentar mais ainda o crescente poder de Wallenstein. A primeira parte da trilogia, intitulada "Os Piccolomini", apresenta Otávio e Max, pai e filho, em torno dos quais se desenvolverá uma intriga para enfraquecer Wallenstein diante do imperador. Otávio é um general fiel ao imperador, embora também possua a confiança total de Wallenstein. Já Max é admirador fervoroso de Wallenstein e

deroso submetido a um destino silencioso, cego e mortal. Quando a peça acaba, tudo terminou, o reino do nada, da morte, obteve a vitória; ela não termina como uma teodiceia.

A peça contém dois destinos de Wallenstein – o primeiro, o destino de como se determina uma decisão, o segundo, o destino desta decisão e a reação contra ela. Cada destino pode ser visto como um todo trágico. O primeiro – Wallenstein, um grande homem que, sendo alguém por si mesmo, como indivíduo deu ordens a muitos homens e surge agora como um ser singular que ordena, misterioso porque não possui nenhum mistério, na glória e no gozo desse domínio. A determinidade[82]

---

apaixonado por sua filha, Tecla. Na segunda parte, intitulada "A morte de Wallenstein", precipitam-se os acontecimentos com a tentativa de Wallenstein de fazer um acordo com os inimigos suecos. As forças do imperador reagem e se dá o declínio de Wallenstein. Numa carta a Schiller, de 18 de março de 1799, Goethe ressalta que o grande mérito dessa peça é que "tudo o que é político nela cessa e se torna meramente humano, aliás, a história mesma é apenas um leve véu por onde se entrevê o elemento puramente humano".

[82]No centro dessa resenha está a noção de "determinidade" [*Bestimmtheit*], que é decisiva para toda a filosofia pós-kantiana. *Grosso modo*, significa, na esfera prática e dramática, a possibilidade plena de determinação do indivíduo por meio de si mesmo num mundo, algo como uma potência para a determinação, enquanto ação. A determinidade está acima da determinação, por implicar não uma realização pontual, e sim "infinita". A indeterminidade, em contrapartida, será naturalmente a possibilidade infinita imponderável da determinidade e determinação que comportam uma

se divide necessariamente em duas ramificações diante de sua indeterminidade, uma dentro dele e outra fora dele. A ramificação dentro dele não é tanto uma luta pela mesma, senão uma fermentação da mesma; ele possui grandiosidade pessoal, fama como general, por ter salvo um império por meio de sua individualidade, por dominar muitos que o obedecem, por inspirar medo entre os amigos e os inimigos. Ele mesmo está acima da determinidade, por não pertencer ao imperador e ao Estado salvos por ele, e muito menos ainda ao fanatismo. Por isso, seus planos só podem estar eles mesmos acima de tudo isso. Que determinidade irá preenchê-lo? Ele prepara os meios para a mais elevada finalidade de sua época, no plano do universal, para recomendar a paz para a Alemanha e, no plano particular, para si mesmo um reino e aos seus amigos uma recompensa proporcional. – Mas sua alma elevada, que se satisfaz a si mesma, que brinca com os fins supremos e, por isso, é destituída de caráter, não pode apegar-se a nenhum fim, ela procura algo mais elevado, do qual é repelida. O homem independente que, todavia, é vivo e não é nenhum monge, quer afastar de si a culpa da determinidade. E se não existe nada que pode mandar sobre ele – e não pode haver nada para ele – ele então cria algo que o comande. Wallenstein procura sua resolução nas estrelas, sua ação

---

dada situação, um complexo de acontecimentos e a estrutura de um caráter. Distingue-se da indeterminação por não ser um impedimento pontual e limitado, identificável.

e seu destino (Max Piccolomini fala disso apenas como um enamorado). E justamente a unilateralidade de ser indeterminado em meio às puras determinidades, a unilateralidade da independência sob puras dependências o leva a uma relação com milhares de determinidades. Seus amigos constituem essas determinidades como fins, que se tornam seus, seus inimigos igualmente, mas contra os quais eles têm de lutar. E essa determinidade, que se formou na própria matéria fermentadora – pois todos são seres humanos – uma vez que ele possui com ela uma relação e, portanto, dela depende, o agarra mais do que ele fez para constituí-la. Essa submissão da indeterminidade à determinidade é um ente sumamente trágico e representado grandiosamente. – A reflexão não irá justificar nesse caso o gênio, e sim evidenciá-lo. A impressão disso como um todo trágico está diante de mim de um modo muito vivo. Se esse todo fosse um romance, poderíamos exigir o esclarecimento do determinado – a saber, aquilo que levou Wallenstein a ter esse domínio sobre os homens. O grandioso, destituído de determinação para os homens como algo audacioso, os prende. De fato, isso está na peça, mas não pôde surgir dramaticamente, isto é, de modo determinado e ao mesmo tempo determinante. Isso apenas surge como uma sombra, tal como lemos no prólogo, talvez em um outro sentido. Mas o acampamento é esse espaço de domínio, como um resultado [*Gewordenes*], como produto.

O fim desta tragédia seria, portanto, a tomada da decisão; a outra tragédia seria o despedaçar desta decisão em sua oposição; e por maior que seja a primeira, menos me satisfaz esta segunda tragédia. Vida contra vida; mas apenas a morte se ergue contra a vida, e inacreditável! Abominável! A morte vence a vida! Isto não é trágico, mas decepcionante! Isto dilacera (xênios) o coração, disso não se pode sair com o peito aliviado".[83]

---

[83] Os xênios a que se refere Hegel são os escritos conjuntamente publicados por Goethe e Schiller, especificamente os xênios intitulados "Tragédia grega e tragédia moderna" e "Efeito oposto". O primeiro soa: "Nossa tragédia fala ao entendimento, por isso ela dilacera desse modo o coração;/ Aquela se situa no afeto, por isso ela tranquiliza tanto". O segundo xênio soa: "Nós modernos saímos abalados, comovidos do drama;/ O grego saía dele com o peito aliviado dando pulos." (*Goethes Werke*. Berlim/Darmstadt: Deutsche Buch-Gemeinschaft, 1956, vol. I, p. 686).

Bibliografia

ALPERS, S. *A arte de descrever: a arte holandesa do século* XVII, trad. Antônio de Pádua Danesi. São Paulo: Edusp, 1999.

BELTING, Hans. *O fim da história da arte*, trad. Rodnei Nascimento. São Paulo: Cosac Naify, 2006.

BORNHEIM, Gerd. "O que está vivo e o que está morto na estética de Hegel", in *Artepensamento*, org. Adauto Novaes. São Paulo: Companhia das Letras, 1994.

BÜRGER, Peter. *Teoria da vanguarda*, trad. de José Pedro Antunes. 2ª ed. São Paulo: Cosac Naify, 2008.

_____. *Zur Kritik de idealistischen Ästhetik*. Frankfurt am Main: Suhrkamp, 1983.

COLI, Jorge. *O que é arte?* 8ª ed. São Paulo: Brasiliense, 1987 (Coleção Primeiros Passos).

DANTO, Arthur C. *Após o fim da arte. A arte contemporânea e os limites da história*, trad. Saulo Krieger. São Paulo: Edusp/Odysseus, 2006.

DUARTE, Rodrigo. "O tema do fim da arte na estética contemporânea", in *Arte no pensamento contemporâneo*, org. Fernando Pessoa. Vila Velha: Museu da Vale, 2006.

FRIEDRICH, Hugo. *Estrutura da lírica moderna*, trad. de Marise M. Curioni e Dora F. da Silva. Rio de Janeiro: Duas Cidades, 1978.

GADAMER, H.-G. *A atualidade do belo (A arte como jogo, símbolo e festa)*, trad. Celeste Aída Galeão. Rio de Janeiro: Tempo Brasileiro, 1985.

_____. "A posição da poesia no sistema da estética hegeliana e a pergunta sobre o caráter de passado da arte", in *Hermenêutica da obra de arte*, sel. e trad. Marco Antônio Casanova. São Paulo: Martins Fontes, 2010.

_____. "O fim da arte? Da teoria de Hegel sobre o caráter de passado da arte à antiarte atual", in *Herança e futuro da Europa*, trad. António Hall. Lisboa: Edições 70, 1989.

_____. *O problema da consciência histórica*, trad. Paulo Cesar Duque Estrada. Rio de Janeiro: Ed. FGV, 1998.

GETHMANN-SIEFERT. A. "Eine Diskussion ohne Ende: zu Hegels These vom Ende der Kunst", in *Hegel-Studien* 16. Bonn: Bouvier, 1981.

GEULEN, E. *Das Ende der Kunst. Lesarten eines Gerüchts nach Hegel*. Frankfurt am Main: Suhrkamp, 2002.

GULLAR, F. *Argumentação contra a morte da arte.* 8ª ed. Rio de Janeiro: Revan, 2005 (1ª ed., 1993).

GOETHE, J. W. *Goethes Werke* vol. I. Berlin/Darmstadt: Deutsche Buch-Gemeinschaft, 1956.

_____. *Poesia e verdade*, vol. I, trad. de Leonel Vallandro. 2ª ed. Brasília: Editora da Universidade de Brasília, 1986.

_____. "Sobre Laocoonte", in *Escritos sobre arte*, trad. Marco Aurélio Werle. São Paulo: Imprensa Oficial/Humanitas, 2008.

HEGEL, G. W. F. *Como o senso comum compreende a filosofia*, trad. Eloísa Araújo Ribeiro. São Paulo: Paz e Terra, 1995.

_____. *Cursos de estética* I/II, trad. Marco Aurélio Werle e Oliver Tolle, consultoria Victor Knoll. São Paulo: Edusp, 1999/2002.

_____. "Das älteste Systemprogramm des deutschen Idealismus", in *Werke* 1. Frankfurt am Main: Suhrkamp, 1986.

_____. "Differenz des Fichteschen und Schellingschen Systems der Philosophie", in *Jenaer Schriften, Werke* 2. Frankfurt am Main: Suhrkamp, 1986.

_____. *Fenomenologia do espírito*, trad. Paulo Meneses. 2ª ed. Petrópolis: Vozes, 1992.

_____. "Solgers nachgelassene Schriften und Briefwechsel", in *Berliner Schriften. 1818-1831, Werke* 11. Frankfurt am Main: Suhrkamp, 1986.

_____. "Vorlesungen über die Philosophie der Religion", *Werke* 18. Frankfurt am Main: Suhrkamp, 1986.

_____. *Vorlesungen über die Geschichte der Philosophie, Werke* 18. Frankfurt am Main: Suhrkamp, 1986.

HEIDEGGER, M. "Der Ursprung des Kunstwerkes", in *Holzwege.* 8ª ed. Frankfurt am Main: Klostermann, 2003.

HENRICH, D. *Fixpunkte. Zerfall und Zukunft. Hegels Theoreme über das Ende der Kunst.* Frankfurt am Main: Suhrkamp, 2003.

_____. "Kunst und Kunstphilosophie der Gegenwart (Überlegungen mit Rücksicht auf Hegel)", in Iser, W. (org.). *Immanente Ästhetik. Ästhetische Reflexion. Lyrik als Paradigma der Moderne.* Kolloquium Köln, 1964. Munique: Fink, 1966.

_____. "Zur Aktualität von Hegels Ästhetik", in *Hegel-Studien, Beiheft* 11. Stuttgarter Hegel-Tage, 1970, org. H.-G. Gadamer. Bonn: 1974.

HERNÁNDEZ, Javier Dominguez. *Cultura del juicio y experiencia del arte. Ensayos*. Medellín: Imprenta Universidad de Antioquia, 2003

HÖLDERLIN, Friedrich. *Poemas*, trad. Paulo Quintela. Lisboa: Instituto de Cultura Alemã de Lisboa, 1945.

_____. *Werke* in einem Band. Munique: Hansa, 1990.

HOFSTÄDTER, Alfred. "Die Kunst: Tod oder Verklärung. Überlegungen zu Hegels Lehre von der Romantik", in *Hegel-Studien, Beiheft* 11. Stuttgarter Hegel-Tage, 1970, org. H.-G. Gadamer. Bonn: 1974.

JAMME, Christoph. "Hegels Satz vom Ende der Kunst", in *Poetische Autonomie? Zu Wechselwirkung von Dichtung und Philosophie in der Epoche Goethes und Hölderlin*, org. Helmut Bachmaier e Thomas Rentsch. Stuttgart: Klett-Cotta, 1987.

LYPP, Bernhard. "Kritische Bemerkungen zu den Referaten von Kuhn und Holfstader", in *Hegel-Studien, Beiheft* 11, Stuttgarter Hegel-Tage, 1970, org. H.-G. Gadamer. Bonn: 1974.

MAMMÍ, Lorenzo. "Pichações e urubus". *Folha de S.Paulo*, 17 out. 2010 (Caderno "Ilustríssima").

MORAWSKI, Stefan. "Hegels Ästhetik und das 'Ende der Kunstperiode'", in *Hegel Jahrbuch*, 1964.

MORITZ, K. P. "Götterlehre oder mythologischen Dichtungen der Alten", in *Werke*, org. Horst Günther. Frankfurt am Main: Insel, 1981.

_____. "Über den Begriff des in sich Vollendeten", in *Werke*, org. Horst Günther. Frankfurt am Main: Insel, 1981.

_____. "Über die bildende Nachhamung des Schönen", in *Werke*, org. Horst Günther. Frankfurt am Main: Insel, 1981.

NICOLIN, F. "Welche Shakespeare-Ausgabe besass Hegel?", in *Hegel-Studien* 19. Bonn: 1984

NOBRE, Marcos e REGO, José Márcio (org.). *Conversas com filósofos brasileiros*. São Paulo: Editora 34, 2000.

OELMÜLLER, Willi. "Hegels Satz vom Ende der Kunst und das Problem der Philosophie der Kunst nach Hegel", in *Philosophisches Jahrbuch*, 73, 1965/66.

RAMOS, Nuno. "Bandeira branca, amor". *Folha de S.Paulo*, 17 out. 2010 (Caderno "Ilustríssima").

RILKE, Rainer Maria. *Cartas a um jovem poeta*, trad. Paulo Rónai. Porto Alegre: Globo, 1976.

_____. *Cartas sobre Cézanne*, trad. e pref. Pedro Süssekind. 5ª ed. Rio de Janeiro: 7 Letras, 2006.

ROSENKRANZ, K. *Ästhetik des Hässlichen*. Stuttgart: Reclam, 2007.

RÜSEN, Jörn. "Die Vernunft der Kunst. Hegels geschichtsphilosophische Analyse der Selbsttranszendierung des Ästhetischen in der modernen Welt", in *Philosophisches Jahrbuch* 80, Munique, Alber, 1973.

SCHELLING, F. *Filosofia da arte*, trad. Márcio Suzuki. São Paulo: Edusp. 2001.

SCHILLER, Friedrich. *A educação estética do homem*, trad. Roberto Schwarz e Márcio Suzuki. 4.ª ed. São Paulo: Iluminuras, 2002.

SCHLEGEL, Friedrich. *Conversa sobre a poesia*, trad. Victor-Pierre Stirnimann. São Paulo: Iluminuras, 1994.

SCHLEGEL, August. "Vorlesungen über schöne Literatur und Kunst", in Mayer, Hans. *Meisterwerke deutscher Literaturkritik*. Stuttgart: Goverts, 1962.

SHAKESPEARE, W. *Romeu e Julieta*, trad. de Beatriz Viégas-Faria. Porto Alegre: L&PM, 1998.

VIELARD-BARON, Jean Louis. "A 'verdade da arte' e a liberdade do espírito em Hegel e André Malraux", in *Ética e estética*. Rio de Janeiro: Zahar, 2001.

VATTIMO, G. *O fim da modernidade*, trad. Eduardo Brandão. São Paulo: Martins Fontes, 1996.

WERLE, Marco Aurélio. *A poesia na estética de Hegel*. São Paulo: Humanitas, 2005.

_____. "Reflexividade, compreensão e historicidade no conceito de público teatral na Estética de Hegel", in *Filosofia e literatura*. Porto Alegre: Editora da PUCRS, 2004.

_____. "Subjetividade artística em Goethe e Hegel", in *Arte e filosofia no idealismo alemão*. São Paulo: Barcarolla, 2009.

WOLFF, E. "Hegel und Shakespeare", in *Vom Geist der Dichtung. Gedächtnisschrift für R. Petsch*, org. F. Martini: Hamburgo, 1949.

Adverte-se aos curiosos que se imprimiu esta
obra em nossas oficinas em 1 de março de 2013,
em papel norbrite 66 g/m², composta em
tipologia Walbaum Monotype, em GNU/Linux
(Gentoo, Sabayon e Ubuntu),
com os softwares livres
LaTeX, DeTeX, VIM,
Evince, Pdftk,
Aspell,
SVN e
TRAC.